# Die Suche nach dem Stein der Weisen

SIC OMNIA
ORATORIUM
FELIX CUI
A CONSILIIS
NE·LOQUA
RIS DE DEO
ABSQ·LV·
MINE·
HOC HOC AGEN TIBUS
NOBIS ADERIT IPSE DEUS
DISCE BENE MORI
Saday Eloy Agla Telragramate

Candace Savage

# Die Suche nach dem Stein der Weisen

## Von der Zauberei zur Wissenschaft

Aus dem Englischen von
Norbert Juraschitz

Deutscher Taschenbuch Verlag

Candace Savage, eine renommierte und für ihre Bücher mehrfach ausgezeichnete Autorin, schreibt für Kinder und Erwachsene. Ihr letztes Buch für Erwachsene »Witch« fand große Beachtung. In ihrem neuen Buch für junge Leser erzählt Candace Savage vom 16. und 17. Jahrhundert, als echte Zauberer aus Kristallkugeln die Zukunft lasen, Magier an Tarnumhängen arbeiteten und die Zauberkunst etwas ganz Alltägliches war, so alltäglich, dass der Berufswunsch »Zauberer« gar nichts Besonderes war. Candace Savage lebt in Saskatoon, Kanada.

Deutsche Erstausgabe
In neuer Rechtschreibung
Mai 2003
Deutscher Taschenbuch Verlag GmbH & Co. KG,
München
www.dtv.de

Titel der Originalausgabe: ›Wizards – An Amazing Journey through the Last Great Age of Magic‹
(Greystone Books. A division of Douglas & McIntyre Ltd, Vancouver)

Umschlagbild: ›Der Alchemist‹ von David Teniers dem Jüngeren,
© Herzog Anton Ulrich-Museum, Braunschweig
Satz: Fotosatz Reinhard Amann, Aichstetten
Druck und Bindung: C&C Offset Limited, Hong Kong
Gedruckt auf säurefreiem, chlorfrei gebleichtem Papier
Printed in Hong Kong · ISBN 3-423-62135-4

# Inhalt

# Der Zauberlehrling

Was möchtest du, wenn du groß bist, werden,
der größte Magier auf Erden?

Isaac Newton fing mit zwölf Jahren seine Ausbildung zum großen Zauberer an. Wie Harry Potter hatte er früh seine Eltern verloren. (Sein Vater starb, die Mutter ließ ihn im Stich und er wuchs bei Verwandten auf, die er hasste.) Ein paar Monate vor seinem 13. Geburtstag im Jahr 1655 besserte sich jedoch seine Lage: Er wurde in eine Schule geschickt. Die King's Grammar School in dem englischen Dorf Grantham war allerdings kein Vergleich zu Hogwarts: Es gab keinen Unterricht in Wahrsagen oder Verteidigung gegen die dunklen Künste. Zu Isaacs Enttäuschung wurde nicht einmal Mathematik unterrichtet, nur Latein und Altgriechisch. Das wahre Leben aber, begann nach dem Unterricht.

Isaac wohnte bei einer Apothekerfamilie. Von außen sah der Apothekerladen genauso aus wie die anderen Geschäfte in der Straße, ein hohes, schmales Haus mit trüben Fenstern und einem quietschenden Ladenschild. Im Innern barg er jedoch unzählige Wunder aus aller Welt. An einer Wand reihten sich Schubladen voller Kräuter (Kamille, Salbei, Thymian), die die Luft mit würzigem Sommerduft erfüllten. Töpfe mit Gewürzen aus dem fernen Orient

Niemand kam auf die Idee, Isaac Newton als Kind zu zeichnen. Jahre später, als er berühmt war, beschloss jemand, dass er früher vermutlich so ausgesehen hat.

*Gegenüber:* Dieses Bild von einem Apothekerladen stammt aus dem 16. Jahrhundert. Der Apotheker steht hinter dem Ladentisch und zerstößt in einem Mörser Zutaten. Von rechts kommen eilig zwei Männer, um eine Arznei zu kaufen.

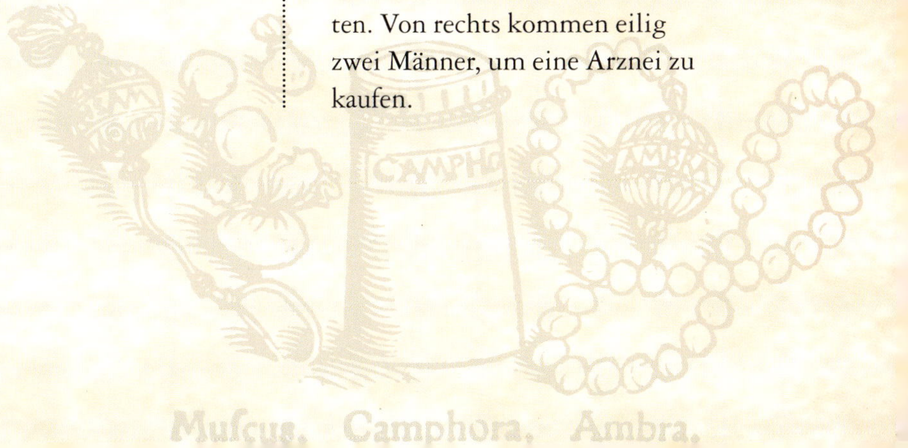

### Die Sprache der Magie

Das Lernen der alten Sprachen Griechisch und Latein war der erste Schritt in der Ausbildung zum Zauberer. Um 1600 benutzten die Menschen schon seit zwei- oder dreitausend Jahren die Magie. In all den Jahrhunderten hatten einige große Zauberer ihre Gedanken und Beobachtungen auf Griechisch oder Latein niedergeschrieben. Als Erwachsener sammelte Isaac Newton viele Bücher über Magie mit Titeln wie: *Geheimnisse enthüllt. Von der okkulten Philosophie* und *Das Wesen der Alchemie;* oder *Die Zwölf Tore zur Entdeckung des Steins der Weisen.*

Isaac Newton (später Sir Isaac Newton) lebte von 1642 bis 1727. Obwohl er einen großen Teil seines Lebens dem Studium der Magie widmete, kennen wir ihn vor allem als einen der größten Mathematiker und Wissenschaftler. Auf diesem Bild untersucht er mit Hilfe eines Prismas das Wesen des Lichts.

verströmten den exotischen Geruch von Nelken und Zimt. Nicht weit davon standen Holzkisten gefüllt mit Wolfszähnen, Bärenfett, Fledermausflügeln und getrockneten Schlangen.

Gemeinsam mit seinen Wirtsleuten wohnte Isaac direkt über dem Laden. Abends schlief er in dem merkwürdigen Duft aus

Minze, Schwefel und getrockneten Molchen ein, der durch die Dielen drang. Tagsüber saß er am liebsten hinter der langen Holztheke und sah zu, wie Mr Clark, der Apotheker, die Zutaten für seine magischen Arzneien abwog. Der wissbegierige Junge schrieb die Rezepte in sein Heft. »Um eine Schnittwunde zu behandeln, nimm eine Prise Minze, eine Prise Wermut (ein bitteres Kraut) und 300 getrocknete Tausendfüßler (ohne Kopf!). Zerstoße das Ganze in einem Mörser und schütte das Pulver in vier Gallonen gärendes Bier. Füll ein wenig von dieser Flüssigkeit ab und trinke sie zwei oder drei Mal am Tag, bis die Wunde verheilt ist.«

Isaac wollte immer ganz genau wissen, wie etwas funktioniert. Als im Bezirk eine Windmühle gebaut wurde, bastelte er ein maßstabgetreues Modell, das sich wirklich drehte. (Wenn kein Wind blies, trieb er seine Mühle mit einer Maus in einem Laufrad an.) Fasziniert vom Lauf der Sonne baute er unzählige Sonnenuhren und stellte sie in der ganzen Wohnung der Clarks auf: in seinem Zimmer, in der Küche, in der Diele, überall, wo das Sonnenlicht hinkam. Er schlug sogar Holzpflöcke in die Wände, um das Wandern des Lichts durch die Zimmer zu messen. Wie Licht und Schatten über die Wände wanderten, so glaubte er, wanderten auch die Sonne und die Planeten langsam über den Himmel. Er spürte: Das Universum hatte eine geheime Ordnung und er brannte vor Verlangen, sie zu verstehen.

Der Junge hörte bestimmt aufmerksam zu, wenn Mr Clark von den verborgenen Kräften seiner Tränke und Zauberformeln erzählte. Ein Korallenstück etwa mochte zwar wie ein langweiliger, orangeroter Stein aussehen, hatte aber die Kraft, Blutungen zu stillen. Eine Prise Kreuzkümmel – ganz normale braune Samenkörner –

### Öl des Roten Hundes

Im 16. und 17. Jahrhundert wurde Menschen mit verkrüppelten oder gelähmten Armen ein Heilmittel namens ›Öl des Roten Hundes‹ verschrieben. Laut Rezept brauchte man einen toten, rothaarigen Hund, 80 bis 100 Skorpione, eine Schüssel Regenwürmer, eine Hand voll Blätter Johanniskraut sowie kleinere Mengen anderer Gewürze und Kräuter. Das Ganze wurde in einen Kessel Bier gegeben und musste so lange kochen, bis die Säfte sich ganz vermischt hatten. Das Gebräu wurde dann abgeseiht und auf den verkrüppelten Arm aufgetragen. Ein Apotheker behauptete, der Trank habe »unbegrenzte« Kräfte.

Der Apotheker gibt in den brodelnden, dampfenden Trank eine letzte, magische Zutat: einen getrockneten Skorpion. Apotheker benutzten manchmal auch ein besonderes Moos, das nur auf menschlichen Schädeln wuchs, wie der unten links auf dem Bild.

gehörte in einen Liebestrank. Ein Löffel Smaragdpulver (hell wie ein Augenzwinkern) verbesserte die Sehkraft. Diese Heilmittel seien zwar geheimnisvoll, sagte Mr Clark, zugleich aber verblüffend gewöhnlich. Magie sei ein Teil der Natur, wie Sonne und Sterne. Seit Jahrhunderten würden sich Menschen die Kräfte, die in den Steinen und Samen verborgen sind, zunutze machen, etwa um jemanden verliebt zu machen oder Krankheiten zu heilen.

Im 17. Jahrhundert war die Macht der Magie noch ungebrochen und alle Bewohner der Stadt – junge wie alte, arme wie reiche – vertrauten auf Mr Clarks Heilkunde. Welche magischen Kräfte bewirkten jedoch, dass seine Heilmittel halfen? Waren es Geister oder irgendwelche unsichtbaren Strahlen? Übten die verschiedenen Substanzen ihre Magie alle auf dieselbe Weise aus oder auf jeweils andere? Was verlieh dem Kreuzkümmel oder den Tausendfüßlern ihre besonderen Kräfte? Wozu hatte Gott der Natur diese Kräfte geschenkt? Wollte er, dass wir sie entdecken und uns ihrer bedienen? Würde jemals ein Mensch den Schlüssel zu allen Geheimnissen des Universums finden?

Es hatte wenig Sinn, Mr Clark diese Fragen zu stellen. Er war nur ein einfacher Apotheker, kein Gelehrter. Er konnte zwar einen Trank brauen, der Beschwerden heilte, wusste aber nichts von Gottes geheimen Plänen. Isaac musste selbst Antworten auf seine Fragen finden. Und von seinen Verwandten konnte er schon gar keine Hilfe erwarten. Sie arbeiteten verbissen vor sich hin und

**Die Königliche Kunst der Magie**

Im 16. und 17. Jahrhundert hatten die magischen Künste einen festen Platz im alltäglichen Leben, nicht nur im englischen Grantham, in ganz Europa. Vom Bettler bis hin zum König glaubten alle an die Macht der Magier, Krankheiten zu heilen, in die Zukunft zu sehen und andere nützliche Dinge zu tun. Beispielsweise war König Heinrich VIII. von England, der von 1509 bis 1547 herrschte, ein geschickter Apotheker. In seiner Freizeit mixte er Tränke und Salben. Seine Tochter Königin Elisabeth I., die von 1558 bis 1603 auf dem Thron saß, trug einen magischen Ring. Er sollte sie davor schützen, vergiftet zu werden. Und Karl I., der König zur Zeit von Isaacs Geburt, glaubte Epilepsie und Hautkrankheiten heilen zu können, indem er Menschen die Hand auflegte. Zu Tausenden strömten die Menschen zu ihm, weil sie eine magische Berührung wollten.

Res
RAPHAEL
Tarmal XI
Rael

hatten keine Geduld für seine endlosen Fragen und Träume. Das Beste für ihn wäre es, sagten sie zu ihm, wenn er so schnell wie möglich die Schule abschließen, nach Hause zurückkehren und etwas Nützliches tun würde. Er sollte Landwirt werden, und wozu musste ein Bauer verborgene Kräfte und geheime Welten kennen?

Aber Isaac war wie hypnotisiert von den Mysterien, auf die er in Mr Clarks Laden einen Blick erhascht hatte. Als seine Familie ihn 1659 von der Schule nahm, lernte er widerwillig, wie man Ackerbau treibt. Aber mit dem Herzen war er woanders, und sooft er konnte, schlich er sich nach Grantham, schlüpfte durch die Ladentür und steckte die Nase in Mr Clarks alte in Leder gebundene Bücher. Wenn ihn irgendjemand gefragt hätte, was er gern werden wollte, dann hätte er bestimmt gesagt: Wenn er groß sei, wolle er die unsichtbaren Kräfte des Universums erforschen. Aus ihm sollte ein großer Zauberer werden.

Der englische Magus John Dee glaubte, er könne mit Engeln, die in Spiegeln und Kristallkugeln erschienen, sprechen. Er war auch ein Experte für Geografie und Navigation.

## Der englische Magus

Ein großer Zauberer – ein Mensch mit einem großen Wissen über die verborgenen Kräfte des Universums – wurde auch Magus genannt. Einer der größten Magi aller Zeiten war der Engländer John Dee, der von 1527 bis 1608 lebte. Der hochgebildete Mann war auf einer Vielzahl von Gebieten Experte: Geografie, Kartierung, Navigation, Mathematik, Optik, Wahrsagen, Auffinden verborgener Schätze, Astrologie und die Sprache der Engel. Später gab er sein letztes Geld auf der Suche nach dem Stein der Weisen aus (mehr darüber später). Obwohl er 35 Jahre vor Isaac Newtons Geburt starb, kannte man ihn zu Isaacs Zeit als Magier und Gelehrten.

*Gegenüber:* John Dees Feinde behaupteten, er sei ein böser Magier, der mit seiner Macht die Toten herbeirufe. Hier sind er und sein Freund Edward Kelley auf einem Friedhof abgebildet, wie sie einen Geist heraufbeschwören. Es gibt keinen Beweis dafür, dass sie das wirklich versucht hätten.

# Die dunklen Künste

Das Feuer brennt, es brodelt im Topf –

Dämonen verdrehen uns den Kopf.

Mit dem Entschluss, Zauberer werden zu wollen, hatte Isaac den ersten Schritt getan. Aber mit welcher Magie wollte sich der Zauberlehrling denn gern befassen? Blieb er bei den Heilkräften wie sein Freund Mr Clark? Oder reizten ihn womöglich die dunklen Künste?

Die dunklen Künste waren das Reich des Teufels. Heute stellen wir uns den Teufel – wenn wir überhaupt an ihn denken – als eine rot gekleidete Gestalt mit Schwanz und Hörnern vor. Aber im 17. Jahrhundert lauerte der Teufel in jedem Schatten. Er war die Macht des Bösen, die an allem Möglichen schuld war. Wenn ein Baby starb (und es starben viele), wenn eine Kuh krank wurde, wenn der Hagel die ganze Ernte vernichtete, wenn Menschen hungerten (was sie oft taten), dann waren das sichere Zeichen, dass der Teufel die Finger im Spiel hatte.

Dem Teufel halfen unzählige böse Geister und Dämonen bei seinem Unwesen. (Im Jahr 1462 erklärte ein Experte, dass die Welt von genau 126 792 bösen Geistern bewohnt sei.) Es gab Dämonen der Luft,

Diese finstere Kreatur ist ein Dämon, ein böser Geist, der, so glaubte man, umherzog und andere quälte (sogar sich selbst).

*Gegenüber:* In dem gespenstischen Licht des Vollmonds gingen zwei Hexenmeister in den Wald und beschworen einen Dämon herauf (die hässliche Erscheinung rechts). Sie riefen ihn mit magischen Sprüchen aus ihrem Zauberbuch.

der Erde und des Wassers; große und kleine Dämonen; Dämonen in der Gestalt von Raben, Katzen, Bären, Hasen, Bienen oder Hunden. Eine Frau sagte, sie habe einen Dämon getroffen, der wie ein feiner Mann ganz in Schwarz gekleidet war, aber Füße wie eine Kuh hatte. Eine andere beklagte sich, dass sie krank geworden sei, weil sie einen unter einem Salatblatt versteckten Dämon verschluckt hatte.

**Pflege magischer Haustiere**

Anfang des 17. Jahrhunderts lebte eine alte Frau in einem einsamen Landhaus außerhalb von Newmarket in Ostengland. Ihr einziger Gefährte war eine Kröte, die unter der Kommode hauste. Jedes Mal wenn die Frau ein bestimmtes glucksendes Geräusch machte, sprang die Kröte hervor und trank aus einer Schale Milch. Die Frau hielt die Kröte für einen Dämon oder »Schutzgeist«, der ihr magische Kräfte verlieh.

*Rechts:* Dieser Dämon sieht süß aus, aber lasst euch nicht täuschen: Bestimmt heckt er gerade einen bösen Plan aus.

*Oben:* Ein Priester (der Mann im Talar links) treibt mit geweihtem Wein und Brot einen Dämon aus einer kranken Frau aus. Zwei Männer halten sie fest. Die Zeichnung stammt aus dem Jahr 1598.

Auch wenn manche Dämonen lustig aussahen, war mit ihnen nicht zu spaßen. Zum Beispiel konnten sie einen schlecht träumen lassen oder buchstäblich verrückt machen. Im 17. Jahrhundert glaubte man, dass Menschen, die an einer Geisteskrankheit litten, von bösen Geistern »besessen« waren. Noch schlimmer war, dass Dämonen einen Menschen dazu überreden konnten, sich von Gott abzuwenden und dem Teufel bei seinem Tun zu helfen. Trotz der Tausende von dienstbaren Geistern hielt der Teufel stets nach neuen Helfershelfern Ausschau und führte die Menschen mit großzügigen Versprechen in Versuchung. Wenn jemand sich verpflichtete, das böse Treiben zu unterstützen, dann verlieh der Teufel dem- oder derjenigen magische Kräfte. Schwarze Magie.

Die Menschen im 17. Jahrhundert kannten zwei Ar-

*Links:* Zwei Hexen geben eine Schlange und einen Hahn in ihren Kessel, in dem sie einen bösen Zaubertrank brauen. Sie beschwören Gewitterwolken herauf. In Kürze wird ein Hagelsturm die ganze Ernte vernichten.

*Gegenüber:* Im Jahr 1498, aus dem diese Zeichnung stammt, glaubte man, Hexen könnten sich in Tiere verwandeln. Diese drei Hexen haben sich teilweise in einen Esel, einen Vogel und ein Schaf verwandelt, ehe sie auf ihrem Flugstecken durch die Nacht sausen.

*Gegenüber, Hintergrund:* Wenn jemand glaubte, er oder sie sei mit einem Fluch belegt worden, so gab es eine einfache Lösung: Man brauchte nur eine Faust zu machen und den Daumen unter den Zeigefinger stecken. Schon war der Fluch gebannt.

ten böser Magier: Die erste waren die Hexen. Alle waren sich einig, dass Hexen in der Regel bucklige Frauen mit Runzeln, Warzen, behaarten Lippen und kreischenden Stimmen waren. Sie waren immer böse und nörgelten und fluchten in einem fort. Aber sie waren nicht nur mürrische alte Weiber. Sie dienten dem Teufel, so hieß es zumindest, und ihre Zornesausbrüche konnten schreckliches Unheil anrichten. Jeder wusste eine alte Geschichte von Oma Soundso zu erzählen, die einmal gerufen hatte: »Ich wünschte, dein Pferd würde tot umfallen!« (Nur weil jemand sich geweigert hatte, sie in die Stadt mitzunehmen.) Und am nächsten Tag wurde das Pferd reglos und kalt auf der Weide gefunden. Vor dem Fluch einer Hexe müsse man sich hüten, sagten die Leute, weil sie einen Handel oder »Pakt« mit dem Teufel geschlossen habe. Sie schöpfe ihre ganzen magischen Kräfte – die Fähigkeit, sich in ein Tier zu verwandeln oder auf einem Besen zu fliegen – aus dieser schrecklichen Quelle. Hexen gehörten in den Bereich der dunklen Künste.

Zur zweiten Kategorie böser Magier gehörten die Hexenmeister. Tagsüber ging der Hexenmeister (meist waren es Männer) einem angesehenen Beruf nach; er war Schneider, Ladenbesitzer oder, erstaunlich oft, Geistlicher. Im Schutz der Dunkelheit legte er jedoch die normalen Kleider ab und zog den langen, wehenden Mantel eines Magiers an. Dann schlich er, bepackt mit etlichen Gerätschaften und sich nervös umblickend, an

### Hexenflaschen

Von Hexen glaubte man oft, dass sie Menschen krank gemacht hätten. In so einem Fall war eine »Hexenflasche« ein beliebtes Heilmittel. Das war ein bauchiger Tonkrug, der mit dem Urin des Patienten und einigen anderen Zutaten gefüllt war, wie mit Zwirn verknoteten Nadeln und Hufnägeln. Dieses Gebräu ließ man neben der Kochstelle stundenlang vor sich hin kochen. Wenn die Hexe, die die Krankheit verursacht hatte, die Hitze und Nadelstiche spürte und Krämpfe bekam, dann musste sie, so glaubte man, ihren Bann lösen. Wenn es dem Kranken besser ging, galt das als Beweis, dass die Hexenflasche geholfen hatte.

schlafenden Häusern vorbei aus der Stadt in den verborgensten Winkel des Waldes. Dort zog er sein schweres Buch mit Zauberformeln hervor und befolgte genau die Anweisungen zur Heraufbeschwörung von Dämonen.

Das geheime Buch des Hexenmeisters steckte voller komplizierter Anweisungen für so genannte »Experimente«. Man kann sich denken, dass in einem Buch der schwarzen Magie viele fiese Vorhaben steckten. Beispielsweise erklärte ein Hexenmeister im 15. Jahrhundert, wie man jemandem wehtut, indem man aus Kerzenwachs eine Puppe formt, den Namen des Betreffenden darauf schreibt und Nadeln hineinsticht. In einem anderen Absatz wird eine Methode beschrieben, zwei Freunde auseinander zu bringen: Zwei Steine werden verhext, gegeneinander geschlagen und mit Dämonen erfüllt.

**Arme Irre**

Am 28. Januar 1510 gingen vier englische Hexenmeister (ein Lehrer, zwei Pfarrer und ein Priester) in den Wald, um böse Geister zu rufen. Sie hofften, die Dämonen würden ihnen verborgene Schätze zeigen. Stattdessen verirrten sich die Beschwörer im Nebel und hätten fast nicht zurückgefunden! Als ihr Missgeschick bekannt wurde, verhaftete man alle vier. Schwarze Magie war verboten und konnte mit Gefängnis oder sogar mit dem Tod bestraft werden.

*Gegenüber:* Beim Schein einer Fackel hat ein Zauberer (Alcandre) um Mitternacht einen magischen Kreis gezogen und mystische Symbole in den Staub gezeichnet. Er sagt gerade magische Formeln auf, um Dämonen aus den Schatten zu rufen. Das Bild stammt aus dem Jahr 1626.

*Rechts:* Im 16. und 17. Jahrhundert wurden in Westeuropa über 50 000 Menschen als Hexen aufgehängt oder verbrannt. Wie die drei Gehängten aus dem Jahr 1589 wurden überwiegend Frauen wegen Hexerei verurteilt.

### Eine Tasche voller Kummer

Um unsichtbar zu werden, wurde den Magiern manchmal geraten, Farnsporen in die Tasche zu stecken. Damit die Sporen wirkten, mussten sie in der Nacht der Sommersonnenwende, am 21. Juni, gesammelt werden. Ein Mann, der Sporen sammeln wollte, erzählte, er sei von Geistern gepeinigt worden: Sie sausten ihm um den Kopf, hauten ihn auf den Hut und leerten alle Tütchen mit Sporen aus.

Aber Hexenmeister waren nicht immer böse. Wenn sie zu Späßen aufgelegt waren, dann vollbrachten sie mit ihrer Macht wahre Wundertaten. Schenkt man den Zauberbüchern Glauben, so konnte ein mächtiger Hexenmeister eine ganze Burg herzaubern, mitsamt Rittern und Burggraben (leider verschwand der ganze Spuk nach drei oder vier Stunden wieder). Oder er zauberte eine Festtafel mit tausend verschiedenen Gerichten, die allen Anwesenden vorzüglich schmeckten. Die Bücher enthielten auch Anweisungen, wie Geisterpferde, magische Schiffe und fliegende Throne heraufbeschworen werden.

Man konnte sich sogar unsichtbar machen. Wer beispielsweise einen Tarnumhang haben wollte, musste eine klare Mittwochsnacht abwarten – es ging in keiner anderen –, wenn der Mond abnimmt. Um ein Uhr musste er sich in einem weißen Mantel in den Wald schleichen und ein Weihrauchfass und ein scharfes Schwert mitnehmen. Auf ebenem Boden sollte er mit der Schwertspitze einen Kreis ziehen. Um diesen Kreis schrieb er dann die Namen vier bestimmter Dämonen: Firiel (im Westen), Melemil (im Süden), Berith (im Osten) und Taraor (im Norden). Danach musste er das Schwert auf den Namen Firiels legen.

Als Nächstes musste der Geisterbeschwörer mit seinem Weihrauchfass, angefangen im Westen, um den Kreis herumgehen. Dann kniete er sich hin, das Gesicht gen Osten gerichtet, und rief mit lauter Stimme: »Ich, Soundso [er nannte seinen Namen], beschwöre euch, O Firiel, Melemil, Berith und Taraor, ihr mächtigen, erhabenen Geister, dass ihr hier erscheint in höchster Demut, gebunden und gezwungen, meinen Befehl auszuführen, was immer ich verlange. Kommet sogleich!« Dieser Spruch musste noch drei Mal wiederholt werden, das Gesicht gen Süden, Osten und Norden gerichtet. Für jeden Dämon ein Mal.

Nach dem Ende dieses Rituals – so heißt es zumindest in dem Buch – mussten die Dämonen innerhalb des magischen Kreises erscheinen. Der Geisterbeschwörer sagte dann, was er von ihnen verlangte: »Ich wünsche mir einen Tarnumhang, er soll dünn und undurchdringlich sein, so dass mich, wenn ich ihn trage, niemand sehen oder meine Anwesenheit spüren kann.« Sofort verließ angeblich ein Geist den Kreis und kehrte mit dem Umhang zurück. Es war also ganz einfach!

Welch große Versuchung in der schwarzen Magie lag, wird jedem einleuchten. Durch die Bereitschaft, dem Teufel zu helfen, erhielt ein schwarzer Magier die Macht, über gewaltige Kräfte zu befehlen und Wunder zu bewirken. Zugleich stellte er sich jedoch auf die Seite des Teufels: des Leids, Wahnsinns und Todes. Manche Menschen waren bereit, diesen Tauschhandel mit dem Teufel einzugehen, aber der junge Isaac Newton gehörte bestimmt nicht zu ihnen. Freilich, ein Tarnumhang wäre natürlich eine feine Sache, wenn er sich vom Hof schlich, aber der moralische Preis war unvorstellbar hoch. Er geriet nie in Versuchung, auf die Seite des Teufels zu wechseln. Sein Kopf war voller Erstaunen über die verborgenen Kräfte, die er in Mr Clarks Laden gesehen hatte – Kräfte, die Gott in der Natur verborgen hatte.

*Oben:* Der spitzige Hexenhut geht auf die Tracht der Dorffrauen im 16. und 17. Jahrhundert zurück.

*Unten:* Geisterbeschwörer waren zwar meist Männer, aber diese Frau konnte lesen und hat sich der Geisterbeschwörung zugewandt.

# Natürliche Magie

Zwickt dich einmal das Zipperlein,
nimm Käfer ein und Spinnenbein.

Schwarze Magie war die Kunst, mit Hilfe von Dämonen Wunder zu tun. Natürliche Magie (die von Mr Clark) war die Kunst, mit Hilfe der verborgenen Kräfte alltäglicher Dinge Wunder zu vollbringen. Selbst die einfachsten Gegenstände – ein paar bunte Kiesel, getrocknete Blumen, ein Batzen Ohrenschmalz – konnten ungeahnte Heilkräfte enthalten. Ein Apotheker war ein natürlicher Magier, der sich diese verborgenen »Tugenden« oder Kräfte zunutze machte, um Beschwerden und Krankheiten zu heilen. Nehmen wir an, ein Mädchen kam mit schrecklichen Zahnschmerzen zu Mr Clark. Der Schmied hätte ihr den Zahn ziehen können, aber schon beim Gedanken an die große Zange wurde ihr schwindlig. Vielleicht wusste der Apotheker Rat? Also tat Mr Clark sein Möglichstes. Vielleicht gab er dem Mädchen eine Zauberformel – einen magischen Spruch –, den das Mädchen regelmäßig aufsagen sollte. Oder er schrieb die Worte auf ein Papier und steckte sie in einen Anhänger oder Talisman, für eine Halskette. Jedenfalls sollten die ma-

Ein Apotheker und zwei Assistenten bereiten Arzneien zu (16. oder 17. Jahrhundert). Die Frau rechts sortiert und trocknet Heilkräuter, die anderen beiden mischen Tränke.

*Gegenüber:* Eine kranke Frau wartet trübsinnig auf die Diagnose des weisen Zauberers. Er hält in ihrem Urin Ausschau nach Hinweisen auf die Krankheit.

Das nenn ich teuflisches Bauchweh! Wenn man glaubte, Dämonen hätten eine Krankheit verursacht, verschrieb der Apotheker Zauberformeln und Kräuter, die die bösen Geister vertreiben sollten.

gischen Worte eine unsichtbare Kraft entfalten, die ihre Schmerzen linderte.

Wenn der Spruch nicht half, mixte der Apotheker vielleicht aus Heilpflanzen oder Kräutern ein Mittel. Damals hatte noch niemand etwas von Bakterien oder Karies gehört, deshalb glaubte man, Würmer im Kiefer würden die Zahnschmerzen verursachen. Diese Zahnwürmer konnten aber bestimmte Kräuter, wie Stechpalmenblätter und Salbei, offenbar überhaupt nicht leiden. Mit diesem kostbaren Wissen gewappnet, wählte der Apotheker eine Hand voll Blätter und Körner aus und gab sie in einen Topf mit Wasser. Nach dem Aufkochen wurde das Gebräu in eine Schüssel geleert und der Patient musste sich mit weit geöffnetem Mund in den Dampf setzen. Die Würmer sollten bei dieser Behandlung beleidigt aus dem Mund des Patienten hüpfen und die Zahnschmerzen waren danach wie weggeblasen.

Apotheker verwendeten Hunderte von verschiedenen Pflanzen und jede hatte ihre eigenen verborgenen Kräfte. Kartoffeln und Muskatnuss halfen beispielsweise ausgezeichnet bei Schmerzen. Man konnte sie zwar einnehmen, wenn man wollte, aber die Mittel wirkten auch, wenn man ein Fläschchen mit Gewürzen in der Tasche trug. Kartoffeln und Muskatnuss schienen beide magische Strahlen abzugeben, die alle Beschwerden von einem fern hielten. Diese Vorstellung – dass Kräuter halfen, indem sie die Krankheit vertrieben oder die Gesundheit anlockten – nannte man das Gesetz der »Sympathien und Antipathien«, oder der Anziehung und der Abneigung. Manche Pflanzen konnten manche Krankheiten von Natur aus nicht leiden.

Im 16. und 17. Jahrhundert hatten die Leute keine Achtung vor Ärzten. Die Karikatur zeigt einen fetten, dümmlichen Doktor mit einem lächerlichen Kolben. Ihm folgt sein dicklicher Assistent.

**Doktor Blutegel**

Im 17. Jahrhundert gab es auch an der Universität ausgebildete Mediziner, aber nur reiche Leute konnten sie sich leisten. Allerdings war die Medizin damals ohnehin nicht sehr weit entwickelt. Die Ärzte verordneten fast immer eine der drei Therapien: den Patienten zur Ader lassen, damit das kranke Blut abfließt, Blutegel setzen oder ihn zum Erbrechen bringen. Angesichts dieser Methoden gingen viele lieber zu einem Apotheker oder »Wunderheiler« in der Nachbarschaft, der sie mit Hilfe natürlicher Magie behandelte.

Von allen Heilpflanzen war die Alraune wohl die faszinierendste. Weil ihre Wurzel Ähnlichkeit mit einem menschlichen Beinpaar hatte, glaubte man, die Alraune sei ein beseeltes Wesen. Der Legende nach fiel jeder, der sie ausgrub und ihren Schrei hörte, augenblicklich tot um. Hunden hingegen machte das hohe Kreischen der Alraune angeblich nichts aus. Deshalb mussten sie immer die kostbaren Wurzeln aus dem Boden ausgraben.

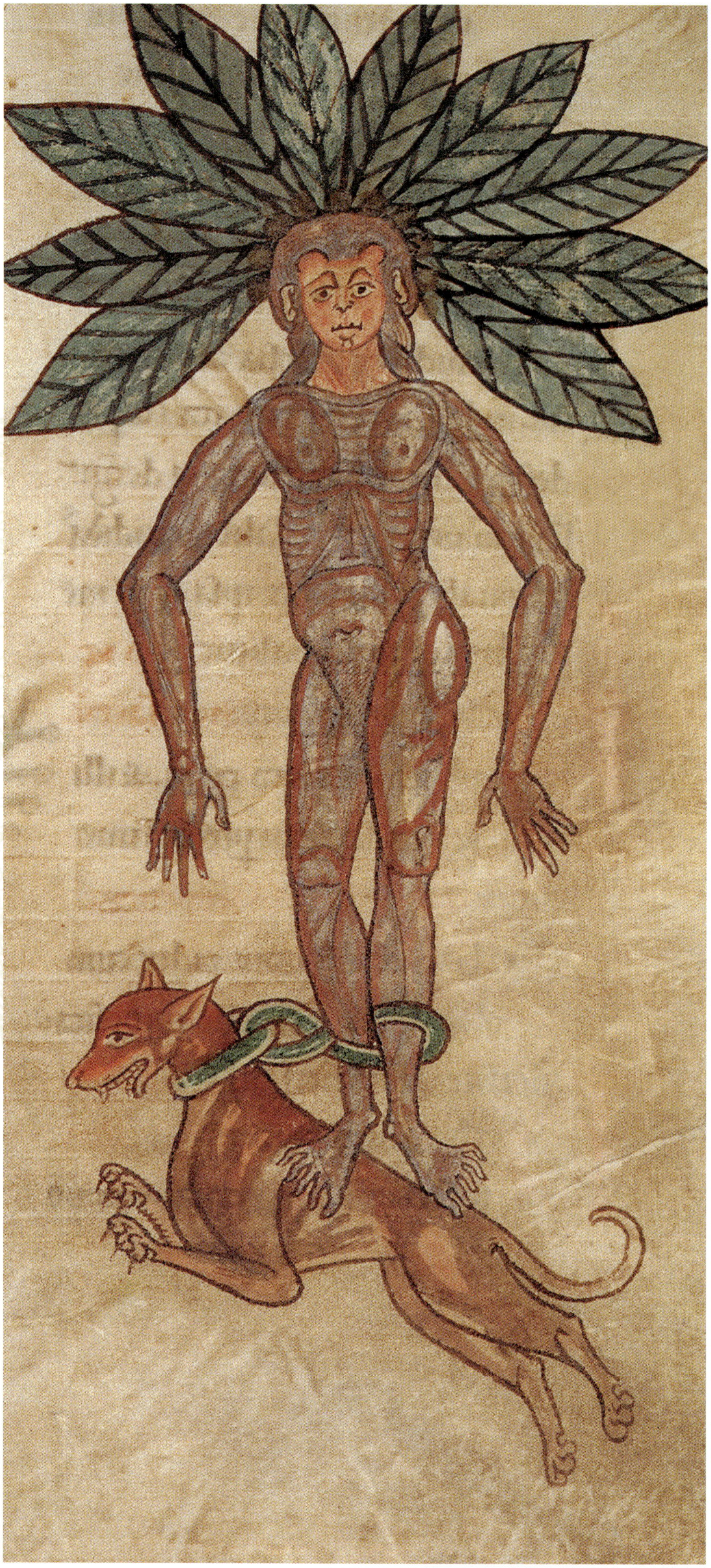

Manchmal wurden die verborgenen Kräfte der Pflanzen erst durch das Experimentieren mit ihnen entdeckt. Wer hätte gedacht, dass eine Tasse Pfefferminztee oder eine Hand voll Petersilienblätter bei Bauchweh helfen? Häufig musste man jedoch eine Pflanze nur genau ansehen, um herauszufinden, wofür sie sich eignete. Das Blatt einer Rose hat beispielsweise ein Netz feiner, roter Adern, rot wie das Blut. Das galt als Hinweis, dass mit dem Rosenstrauch Störungen des Blutkreislaufs behandelt werden konnten. Eine Walnuss hingegen sieht aus wie ein winziges Gehirn in einem knöchernen Schädel – ein sicherer Beweis dafür, dass Gott sie geschaffen hatte, um Kopfweh und Erkrankungen des Gehirns zu heilen. Eine Pflanze mit einem milchigen Saft half einer Mutter, Milch zu produzieren; eine mit dicken Fasern kräftigte die Knochen – und so weiter. Diese Theorie wurde »die Signaturenlehre« genannt.

**Ohne Kummer und Sorgen**

Im 17. Jahrhundert sollte das Johanniskraut die Menschen vor bösen Geistern schützen. Heute ist wissenschaftlich erwiesen, dass dieses Heilkraut bei Depressionen hilft. Es wird in den meisten Apotheken und Reformhäusern verkauft.

**Flower Power**

Zauberer mischten aus dem Fingerhut Heiltränke und gaben sie Menschen, die an Tuberkulose (TB) litten. Sie sagten, der Fingerhut habe eine mysteriöse »Tugend«, die Krankheiten vertreibe. Wir wissen inzwischen, dass Fingerhut eine wirkungsvolle chemische Substanz namens Digitalis enthält, die immer noch bei Herzerkrankungen verwendet wird.

*Oben:* Von Alraunen gab es angeblich zwei Geschlechter, männliche und weibliche.

*Links:* Nach der Signaturenlehre wurden die Pflanzen zu einem bestimmten Zweck geschaffen, der sich an der Erscheinung der Pflanze »ablesen« lässt. Hier sind Pflanzen zur Behandlung von Zunge und Magen abgebildet.

*Oben:* Im 17. Jahrhundert glaubten die Menschen, die Natur stecke voller Magie und Heilkräfte. Inmitten von Wundern der Natur rührt hier ein Apotheker eine Arznei an.

*Links:* Ein Mann pflückt einen magischen Stein vom Kopf einer Kröte, um daraus eine Arznei zu machen.

Apotheker wie Mr Clark bewahrten aber nicht nur magische Pflanzen in ihren Regalen auf. Sie lagerten auch Teile von verschiedenen Tieren wie Ameiseneier, Eberzähne, Krabbenaugen, Eselshufe, Fischgräten, Ziegendung, getrocknete oder eingelegte Schlangen und in Öl geröstete Skorpione. Jedes Präparat, so glaubte man, hatte bestimmte magische Kräfte. Beispielsweise wurden Frösche gefangen, getötet, seziert, getrocknet und zu einem Pulver zermahlen, das gegen Nasenbluten helfen sollte. Zwei verschiedene Tausendfüßlerarten waren ebenfalls immer auf Lager: Die eine war dick und schwarzblau, die andere braun und flach und hatte einen seltsam gegabelten Schwanz. Diese Insekten wurden zu einem Pulver verarbeitet oder in einen Sirup oder eine Paste eingekocht. Menschen mit Asthma gab man sie sogar zum Essen – putzmunter krabbelnd. 50 Tausendfüßler ergaben eine Dosis, und das vier Mal am Tag. Es geht doch nichts über das Schlucken von ein paar hundert Käfern – und schon sind alle Sorgen wie weggeblasen!

Seine kostbarsten Schätze bewahrte der Apotheker unter dem Ladentisch oder auf den obersten Regalbrettern auf. Wenn ein Kunde ein Goldstück sehen ließ, kramte er sie hervor: kleine Beutel mit Smaragden, Perlen, Silber und Gold. Smaragde sollten gut für die Leber und die Augen sein, Perlen bei Vergiftungen, Gold galt als Allheilmittel, das seine Heilkräfte von der Sonne empfangen hatte. Man konnte diese Wohltaten empfangen, indem man die Edelsteine als Amulett um den Hals trug. Sie wirkten aber offenbar stärker,

**Alt und bewährt?**

Viele Heilmittel, die im 17. Jahrhundert verwendet wurden, waren seit Hunderten von Jahren im Gebrauch. Sie sind in der Antike von griechischen und römischen Gelehrten aufgeschrieben worden. Wenn der römische Gelehrte Plinius der Ältere (der im ersten Jahrhundert lebte) sagte, die Steine aus einem Adlerhorst hätten Heilkräfte, so glaubten die Leute ihm. Sie dachten, ein weiser Mann wie Plinius irrt sich nicht. Und wenn der berühmte griechische Arzt Galen (auch ein Gelehrter der Antike) sagte, man müsse Würmer mit Pfeffer zerreiben und das Pulver auf wunde Backen auflegen, dann hieß es reiben. In Wahrheit halfen viele alte Arzneien überhaupt nicht. Wenn es den Patienten besser ging, dann weil sie aus eigener Kraft gesund wurden. Die Menschen wollten aber das Gefühl haben, etwas für ihre Genesung zu tun.

### Das Geheimnis des Einhorns

Viele Europäer hatten zwar Hörner von Einhörnern gesehen, aber niemand das Tier. Das Horn wurde über die Handelsstraßen aus Asien importiert und ging durch viele Hände. So wurde seine Herkunft immer rätselhafter. Aber irgendwann im 17. Jahrhundert stand fest: Das Horn des Einhorns war nichts anderes als das Horn des Narwals.

Als das Geheimnis um das Einhorn gelüftet war, verlor es auch seine magischen Kräfte. Das Horn hatte nur deshalb gewirkt (vorausgesetzt, dass es wirklich gewirkt hatte), weil die Menschen daran geglaubt hatten. Sobald der Glaube erschüttert wurde, waren auch die magischen Kräfte verloren. Meist machte es keinen Unterschied, ob man Tausendfüßler, Pulver von Perlen oder Zaubersprüche verwendete. Erst der Glaube an die Heilkraft bewirkte, dass die Magie wirklich funktionierte.

wenn man sie einnahm. Edelsteine wurden häufig zu Pulver zerstoßen und mit anderen Zutaten vermischt. Daraus wurden Pillen oder Tränke gemacht – und eingenommen.

Ein berühmtes Heilmittel mit dem Namen ›Pulver der Gräfin von Kent‹ wurde in England und Frankreich zur Behandlung von Masern, Pocken und Pest verwendet. Laut Rezept brauchte man die gleiche Menge an Korallen, Bernstein und Perlen. Ferner wurden Krabbenscheren, getrocknete Schlangen, Safran, eingelegte Vipern und bestimmte Kräuter sorgfältig abgewogen und alles zusammen in einen Mörser gegeben. Die Zutaten zerrieb der Apotheker mit dem Stößel zu Pulver, formte Pillen daraus und bewahrte sie an einem kühlen, trockenen Ort auf, bis sie gebraucht wurden.

Der wertvollste Gegenstand in einem Apothekerladen war aber kein Edelstein, sondern das Horn eines Einhorns. Ein ganzes, cremigweißes Horn konnte fast bis an die Decke reichen und jeder Zoll davon war sein Gewicht in Gold wert. Schon ein winziger Splitter, in Wein eingelegt, hatte angeblich die Kraft, hohes Fieber zu senken. Angeblich verlieh eine Salbe, die man aus der kleinsten Prise des pulverisierten Horns herstellte, Freude und Lebenskraft. Am erstaunlichsten war jedoch, dass das Horn des Einhorns als Gegengift gegen jedes bekannte Gift galt, von Arsen bis zum Schlangengift.

Isaac Newton staunte über die Kunst des Apothekers. Selbst als er schon berühmt war, mischte er

Unter dem misstrauischen Blick eines ausgestopften Krokodils braut ein Apotheker eine Arznei (ganz rechts), drei andere mischen Zutaten und wiegen sie ab (Mitte). Links holt eine Kundin am Tresen eine Arznei ab. Das Bild wurde erstmals 1722 veröffentlicht.

sich noch Mengen von seinen Lieblingsarzneien und behandelte sich selbst mit ihnen. (Sein bewährtes Hausmittel war ein Gebräu namens ›Lucatellos Balsam‹, das aus Bienenwachs, starkem Wein, Sandelholz und Terpentin zubereitet wurde – das reinste Gift!)

Aber so faszinierend das Studium der magischen Heilkräfte war, er drang auf diesem Weg nicht bis zum Kern der Sache vor. Wenn er das Wie und Warum des Universums verstehen wollte, musste er tiefer graben.

# Wahrsagen

Orakelhaft und visionär –

Magie ist oft spektakulär!

Gegenüber: Die berühmte Mutter Shipton, die hier rechts zu sehen ist, lebte von 1486 bis 1561. Sie sagte angeblich die Erfindung des Automobils voraus (»ein Fuhrwerk ohne Pferd wird fahren«) und sogar des Internets (»Rund um die Welt werden der Menschen Gedanken fliegen, schnell wie ein Augenzwinkern«).

Mr Clark war vermutlich nicht der einzige Magier, den Isaac Newton in seinen Schuljahren kennen lernte. Im 17. Jahrhundert lebten in einem Dorf von der Größe Granthams bestimmt auch andere Menschen mit magischen Kräften. Anders als der Apotheker, der einen Laden führte, waren die anderen Magier aber nicht so leicht zu erkennen. Es waren gewöhnliche Männer und Frauen – manchmal sogar Kinder –, von denen man wusste, dass sie Zauberformeln kannten, Tränke mischen, böse Zauber brechen und andere magische Dienste leisten konnten. Die wenigsten von ihnen hatten die Schule besucht, sie hatten ihre Fertigkeiten von den Vorfahren gelernt: den Müttern, Großvätern, Onkeln oder Tanten. Einige schienen Rätsel lösen zu können, die den Horizont eines Apothekers bei weitem überstiegen.

Sie wussten, wenn jemand verhext wurde, und konnten den Bann brechen. Sie kannten das Wesen aller Gebrechen und wussten ein Heilmittel. Und mit ihrer bemerkenswerten seherischen Gabe konnten sie in die Vergangenheit und Zukunft blicken. Sie konnten sich in die Vergangen-

*Unten:* Als der kleine Junge krank wurde, rief diese Familie die Magierin oder weise Frau (links) zu Hilfe.

Wie lautet die Antwort? Gespannt warten alle darauf, dass die Hellseherin aus ihrer Trance erwacht und eine dramatische Erklärung abgibt. Magierinnen rief man, um Verbrechen aufzuklären, verlorene Dinge zu finden und Krankheiten zu heilen. Der Mann rechts hofft wahrscheinlich, dass seine Zahnschmerzen aufhören.

heit zurückversetzen und ungeahnte Geheimnisse enthüllen. Sie konnten einem sagen, was morgen oder in zehn oder, wenn man wollte, in fünfhundert Jahren passieren würde.

Die Kunst, ins Unbekannte zu schauen, nennt man Wahrsagen. Das war eine der Aufgaben der Magierin im Dorf. Wahrsagen klingt zwar nach etwas ganz Besonderem, aber oft wurde es in verblüffend banalen Fällen angewandt. Meist fing es damit an, dass etwas Wertvolles gestohlen oder verloren wurde: ein Schaf oder eine Geldbörse. Es schien sich in Luft aufgelöst zu haben. Das war eindeutig ein Fall für eine Hellseherin.

Eine der einfachsten Methoden, verlorene Gegenstände wiederzufinden – zugleich die beliebteste –, hieß »Wahrsagen mit Sieb und Schere«. Man brauchte dafür ein großes, flaches Sieb und eine große Schere. Als Erstes wurde die Schere geöffnet und mit den Klingen nach oben gehalten. Zwei Personen mussten sich rechts und links davon aufstellen, so dass sie die offenen Klingen noch greifen konnten. Schließlich wurde das Sieb auf der Schere ausbalanciert. Sobald es still lag, konnte die Prozedur beginnen. Die Hellseherin sagte Orte auf, an denen der Gegenstand vielleicht verloren wurde, und alle starrten gebannt auf die wacklige Apparatur. Sobald das Sieb bei einem Ort kippte oder zitterte, ging jemand los und sah dort nach.

Im 17. Jahrhundert nahmen die Menschen das Weissagen mit

Hier hat eine Hellseherin einige Karten ausgelegt und sagt zwei jungen Frauen das Schicksal voraus. Kartenlesen ist zwar vor allem eine Sache der Intuition, aber bestimmte Karten haben feste Bedeutungen. Wenn Herz-Ass beispielsweise gelegt wird, so heißt das Liebe und Glück, Pik-Ass hingegen warnt vor Streit und Ärger.

Dieses Mädchen hat ihren Apfel in einem langen Stück geschält, ohne die Schale zu brechen. Das ist angeblich ein Zeichen, dass ihr Wunsch in Erfüllung geht.

Sieb und Schere sehr ernst, so ernst, dass es nicht nur bei der Suche nach verlorenen Dingen angewandt wurde, sondern auch bei Diebstählen. Die Methode war im Grunde dieselbe, nur rief die Hellseherin anstelle der Orte die Namen der Personen, die verdächtigt wurden. Wenn das Sieb zitterte, galt das als Zeichen, dass der Dieb erkannt worden war. In Wahrheit stießen die Halter der Schere vermutlich das Sieb selbst an, weil sie vor Aufregung zitterten, wenn der Name der Person genannt wurde, die sie im Verdacht hatten. Das kleinste Zittern reichte aus, um den Schuldigen (oder vielleicht Unschuldigen) zu entlarven. Vorausgesetzt, die Seherin war für ihre richtigen Vorhersagen bekannt, wurde die genannte Person verhaftet. Manchmal erwiesen sich die Beschuldigungen als falsch, aber erstaunlich oft waren sie berechtigt. Wenn man jeden im Dorf kannte, wusste man genau, wer in Frage kam, ob Sieb und Schere nun überirdische Kräfte hatten oder nicht.

Die Methode ließ sich auch auf andere Rätsel anwenden. Wie heißt mein künftiger Gatte? Liebt die rothaarige Frau mich? Bekommt Frau Soundso ein Baby? Dieselben Fragen konnten auch mit einer anderen beliebten Methode beantwortet werden: Schlüssel und Buch. Diese Methode wurde in der Regel mit einer Bibel, einem Gesangbuch oder einem anderen dicken Buch durchgeführt, das für seine Wahrhaftigkeit bekannt war. Das Buch wurde auf einer bestimmten Seite aufgeschlagen (häufig ein Psalm) und ein Schlüssel quer darüber gelegt. Der Zauberer und der Assistent hielten dann die Konstruktion nur an den Ecken so ruhig wie möglich. Wieder wurden Fragen gestellt und Antworten vorgeschlagen. War es Matthias, Georg oder

### Dem Täter auf der Spur

Wie Privatdetektive in Kriminalromanen wurden Magier häufig gerufen, um Verbrecher zu finden. 1618 sollte die Hellseherin Jane Bulkeley den Dieb aus einer Liste mit zehn Verdächtigen herausfinden. Sie schnitt einen Käse in zehn Stücke, schrieb auf jedes Stück einen Spruch und verlangte, dass jeder Verdächtige eins davon schluckte. Wehe demjenigen, der sich an seinem Stück verschluckte! Ein schlechtes Gewissen konnte einem durchaus die Kehle austrocknen.

### Selbst ist die Frau

Wenn ein Mädchen Näheres über ihren künftigen Mann wissen wollte, so musste sie nur einen Brunnen finden, der an der Hauptstraße zu einer Kirche lag, in der Hochzeiten gefeiert wurden. Sie tauchte ihr Nachthemd in den Brunnen und hängte es in ihrem Zimmer zum Trocknen auf. In derselben Nacht sollte ihr im Traum oder in einer Vision die Gestalt ihrer wahren Liebe erscheinen.

*Oben:* Umgeben von ledergebundenen Büchern und magischen Utensilien beschwört ein Zauberer in einer Kristallkugel eine Vision herauf. Der Künstler hat dem Zauberer schelmisch noch drei Fläschchen mit den Etiketten »Glück«, »Elixier des Friedens« und »Finanzextrakt« (links unten) untergeschoben.

*Rechts:* Manche Zauberer behaupteten, sie könnten den Charakter eines Menschen an der Form seines oder ihres Kopfes ablesen. Wenn jemand beispielsweise wie eine Kuh aussah, war er bestimmt faul und dumm.

Harald? Ja oder Nein? Wenn das Buch zitterte und der Schlüssel sich bewegte, war das ein Zeichen, dass die Wahrheit ans Tageslicht gekommen war.

Einige Zauberer lernten eine raffiniertere Methode, verborgenes Wissen zu erwerben. Sie blickten in eine Kristallkugel. Ein Zauberer konnte in der magischen Kugel Dinge sehen, die an anderen Orten in einer anderen Zeit geschehen waren oder werden. Der Schein einer Kerze flackerte in einem ständigen Wechsel von Licht und Schatten in der trüben Kugel. Wenn man ganz genau hinsah, erblickte man in den Rauchschwaden vielleicht eine fehlende Kuh, ein ungeborenes Kind oder die Schleppe eines Hochzeitskleides. Hatte eine Magierin keine Kristallkugel, so konnte sie dieselben Erscheinungen in einem beschlagenen alten Spiegel oder einer anderen spiegelnden Oberfläche entdecken. Manche Hellseher behaupteten, sie hätten die Gesichter von Dieben in Wasserbecken oder in dreckigen

*Oben:* Wenn man Tee mit losen Blättern zubereitet, nicht im Beutel, dann setzen sich die Blätter am Boden der Tasse ab. Ist der Tee ausgetrunken, kann man die Muster der Teeblätter deuten. Hier starrt eine Teeblattleserin (die Frau rechts) auf den Boden der Tasse und sagt ihrer Kundin die Zukunft voraus.

**Hellsichtige Frösche**

Eine Magierin namens Joan Mores, die in Kent, England, um 1525 lebte, behauptete, dass sie die Zukunft vorhersagen könne, indem sie dem Quaken der Frösche zuhörte. Im 18. Jahrhundert »deuteten« andere Zauberer den Kaffeesatz und lasen in irgendwelche braune Muster alle möglichen Bedeutungen hinein. Die Methode, aus den Teeblättern zu lesen, gewann erst viel später an Beliebtheit.

Viele Magier glaubten, sie könnten den Charakter ihrer Kunden oder ihre Zukunft einfach an ihrem Äußeren ablesen. Im 19. Jahrhundert stützte sich eine ganze wissenschaftliche Lehre auf diese Vorstellung: die so genannte »Phrenologie«. Phrenologen glaubten, sie könnten alles über eine Person herausfinden, indem sie die Knochen und Höcker auf seinem oder ihrem Schädel maßen.

Pferdetränken gesehen. Andere konnten die Geheimnisse der Vergangenheit und Zukunft enthüllen, indem sie auf einen Daumennagel blickten. Wenn der Nagel mit etwas Pflanzenöl bestrichen wurde, schimmerte er wie eine Art Minibildschirm, auf dem winzige Erscheinungen zu sehen waren.

Magische Kräfte waren in den einfachsten Dingen am Werk. Insbesondere hatte jeder Körperteil eine magische Bedeutung. Zum Beispiel konnte man die Zukunft aus den Linien der Hand oder den Falten auf der Stirn lesen. Zauberer konnten diese verschlüsselten Botschaften deuten. Wenn die gebogene Linie, die sich um den rechten Daumen zog, lang war, dann erreichte man ein hohes Alter. Wenn sie kurz war, musste man früh sterben. Ein diagonales Mal oder eine Falte über dem linken Auge sagte einen gewaltsamen Tod voraus, eine Narbe über dem rechten Auge kennzeichnete hingegen den Abenteurer. Vorstehende Zähne bedeuteten, dass man zu Wutausbrüchen neigte, dicke Lippen machten einen zum Lügner. Ein Muttermal an der Braue war ein Zeichen für eine glückliche Ehe, eines auf dem Kinn bedeutete Reichtum. Aber der arme Mensch mit einem Mal im Genick: Er oder sie war dazu bestimmt, geköpft zu werden!

Die Leute zahlten viel Geld dafür, dass Magierinnen ihre Male deuteten, auf ihre Daumen starrten und hellsichtigen Sieben Fragen stellten. Eine Befragung kostete oft einen ganzen Tageslohn. Aber die Menschen waren bereit, so viel zu zahlen, weil sie Hilfe brauchten. Damals gab es keine Polizei und keine Krankenversicherung, keine Vorratshaltung oder Sozialhilfe. Wenn

*Oben rechts:* Mit Hilfe dieser Karte konnte anhand der Male im Gesicht das Schicksal der betreffenden Person erforscht werden.

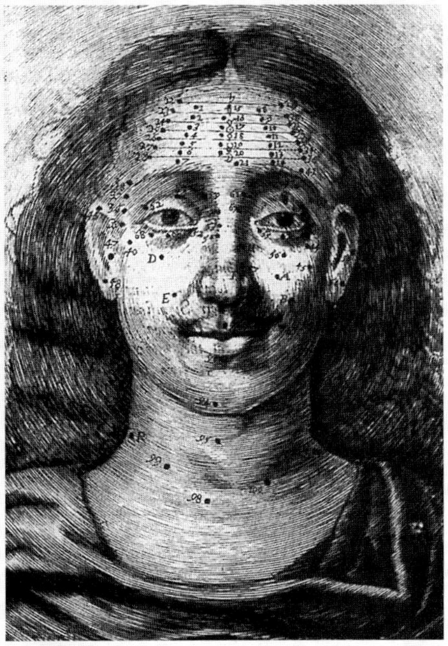

**Vorboten der Zukunft**

Im 17. Jahrhundert waren viele Methoden des Wahrsagens beliebt.

**Aeromantie:** Deuten der Wolken oder Lufterscheinungen

**Geomantie:** Deuten von Linien im Sand

**Kapnomantie:** Deuten von Schatten, die im Rauch oder Nebel auftauchen

**Onomathomantie:** Vorhersagen der Zukunft nach dem Namen eines Menschen

**Physiognomik:** Das Schicksal eines Menschen an seiner äußeren Erscheinung ablesen

**Pyromantie:** Deuten von Kometen, Nordlichtern und Feuererscheinungen

**Umbilicomantie:** Vorhersagen, wie lange ein Mensch lebte, indem man die Knoten der Nabelschnur zählte

**Vogelschau:** Vorhersagen aufgrund des Verhaltens der Vögel

**Zoomantie:** Vorhersagen aufgrund des Verhaltens der Tiere

Mit ihrem kleinen Hund an der Seite und einer Geldbörse in der Hand tritt eine gut gekleidete Frau verschämt zu einem Wahrsager, damit er ihr aus der Hand liest. Das Bild stammt aus dem Jahr 1750.

man krank wurde, überlebte man entweder oder man starb. Wenn die Kuh gestohlen wurde, hatte man weder Milch noch Butter. Das Leben war eine Gratwanderung zwischen Freud und Leid. Die Wahrsager erklärten, weshalb etwas Bestimmtes eintrat, und vermittelten den Menschen das Gefühl, dass das Leben vorhersagbar sei – eine magische Illusion, für die sie gerne zahlten.

Einem Jungen wie Isaac Newton drängten sich bei den Antworten der Wahrsager jedoch nur immer neue Fragen auf. Gab es eine zweite Wirklichkeit, die nur Zauberer spüren konnten? Durfte er hoffen, jemals einen Blick auf diese verborgene Welt zu erhaschen?

Als dieser Mann mit einem Bann belegt wurde, wandte er sich an die Magierin um Hilfe. In der spiegelnden Wasseroberfläche ihres Eimers hat sie das Gesicht des Beschwörers gesehen. Sie bereitet sich darauf vor, den bösen Zauber zu brechen, indem sie ein Messer in das Wasser stößt.

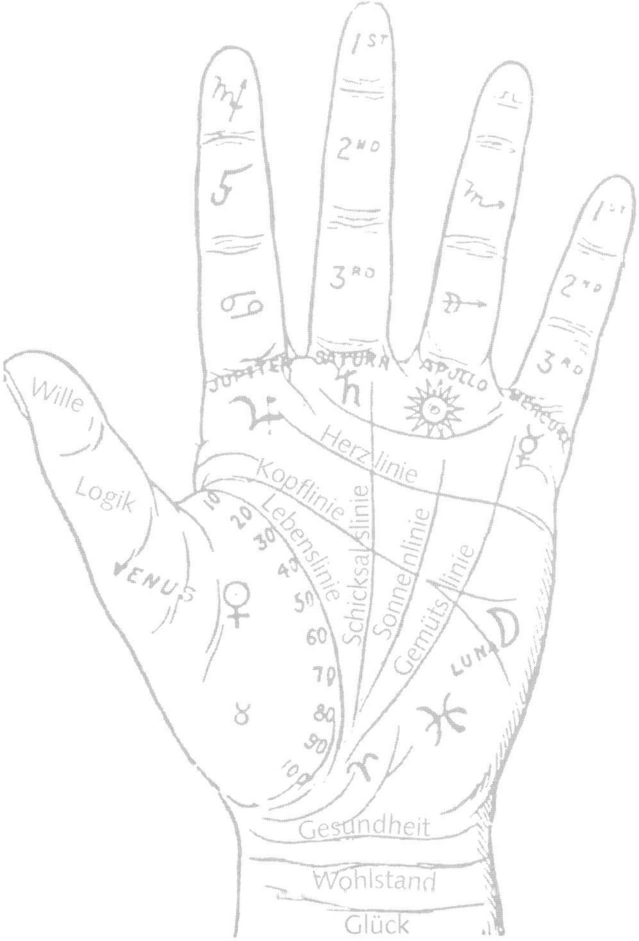


*Links:* Handleser sagten die Zukunft aus den Linien auf der Handfläche voraus. Die Herzlinie sagt etwas über Beziehungen aus, die Kopflinie über die Intelligenz und die Lebenslinie über die Gesundheit. Wenn jemand eine tiefe, gerade Kopflinie hatte, so ist das ein Zeichen für Intelligenz und praktischen Sinn.

# Die Sterne deuten

**Hast einen Fehler gemacht, dich dumm angestellt?**

**Gib einfach die Schuld dem Sternenzelt.**

Von allen Zweigen der Magie überragte einer alle anderen. Was den hohen Anspruch und die tollkühnen Vorhersagen betraf, konnte keine andere Magie der Astrologie das Wasser reichen. Sie hatte kein geringeres Ziel, als in die tiefsten Geheimnisse der Erde und des Himmels einzudringen. Isaac Newton stieß ganz zufällig auf sie, als er auf einem Flohmarkt ein Buch über Astrologie entdeckte. Konnte das ramponierte Büchlein ihm auf seinem Weg zu einem mächtigen Magus weiterhelfen?

Der Titel des Buches über Astrologie ist zwar nicht bekannt, aber es könnte von dem berühmtesten englischen Zauberer des 17. Jahrhunderts geschrieben sein, dem Astrologen William Lilly. Genau wie Isaac hatte auch William viele Enttäuschungen in seinem Leben durchgemacht. Seit seiner Geburt im Jahr 1602 war er als einziges Kind einer wohlhabenden Familie verhätschelt worden. Als er jedoch achtzehn war, starb seine Mutter und sein Vater saß hochverschuldet im Gefängnis. Fast wie im Märchen kaufte sich Lilly also neue Kleider, lieh sich von Freunden ein paar Pennys

*Gegenüber:* Michel de Notredame, besser bekannt als Nostradamus, lebte von 1503 bis 1566. Der gelernte Arzt wurde berühmt, weil er in Hunderten von Vierzeilern künftige Katastrophen vorausgesagt hatte. Hier ist er mit zwei anderen Astrologen zu sehen, die Planeten und Sterne studieren.

William Lilly, der von 1602 bis 1681 lebte, ist hier mit seinem Sternenglobus, einem Buch astrologischer Symbole und einem Horoskop (unter der linken Hand) abgebildet. Im 17. Jahrhundert benutzten Astrologen solche Dreiecke und Quadrate für ihre Vorhersagen.

und ging nach London, um sein Glück zu suchen. Er kam in der großen Stadt an, als die Pest ausbrach. »Das elende Unglück dieses Jahres war bitter«, schrieb er später. »Menschen starben auf den Feldern und auf den Straßen.« Aber nicht alle Einwohner der Stadt waren betroffen. Manche wurden krank und erholten sich wieder; andere, wie Lilly selbst, wurden gar nicht krank. Warum waren die Schicksale der Menschen so verschieden?

Lilly suchte in den magischen Künsten nach Antworten auf diese Frage. Vor allem faszinierte ihn der Gedanke, dass unser Schicksal vom Himmel gelenkt werde. Wir wissen alle, dass Himmelskörper sichtbares Licht abgeben. Aber was wenn von ihnen auch unsichtbare Strahlen ausgingen, die den ganzen Weltraum durchquerten? Was wenn diese Strahlen unser persönliches Los bestimmten? Das waren die Kerngedanken der Astrologie, der mächtigsten Wissenschaft der ganzen Zauberei.

William Lilly wollte mehr erfahren und nahm deshalb 1632 Privatunterricht bei einem Zauberer namens Evans, der in der Schießpulvergasse in London lebte. Der bucklige Evans mit einem dunklen Lockenkopf war einst ein angesehener Pfarrer gewesen, wurde aber wegen ungebührlichen Benehmens aus der Kirche ausgeschlossen. Als Lilly ihn kennen lernte, verdiente er seinen Lebensunterhalt mit dem Verkauf von magi-

Drei Astrologen starren in das Universum, das vor grenzenloser Energie pulsiert.

schen Kelchen, die angeblich gegen Grippe, Bauchweh, Wahnsinn und Würmer halfen. Aber Evans war auch ein erfahrener Astrologe, der gegen ein gewisses Entgelt Lilly gern beibrachte, was er wusste.

Als Erstes lernte Lilly die Grundlagen. Der Kosmos, so Evans, bestehe aus neun kristallenen Sphären, die ineinander verschachtelt sind. Die innerste Sphäre enthält die Erde, die regungslos im Zentrum des Universums ruht. Jenseits der Erde gibt es sieben weitere kristallene Kugeln, jede größer als die vorherige. Diese Kugeln enthalten die sieben »wandernden Sterne« oder

Im Zentrum des astrologischen Universums liegt die Erde. Um sie herum sind in sieben kristallene Sphären die »wandernden Sterne« oder Planeten eingebettet: Mond, Merkur, Venus, Sonne, Mars, Jupiter und Saturn. Am äußersten Rand des Kosmos befinden sich die »Fixsterne«, die die Konstellationen oder Sternzeichen des Tierkreises bilden. Dieser astrologische Kalender ist um 1550 entstanden.

Planeten. (Da Neptun und Pluto damals nicht bekannt waren, zählten Mond, Merkur, Venus, Sonne, Mars, Jupiter und Saturn zu den Planeten.) Und schließlich nehmen wir, in weiter Ferne, die unzähligen festen oder »Fixsterne« wahr, die wie Diamanten am äußersten Rand des Himmels funkeln.

Diese neunte, äußerste Sphäre wird Zodiakus oder Tierkreis genannt. Nach Evans (und allen Astrologen) ist dieses starre Rad in zwölf gleich große Abschnitte unterteilt, die wie ein riesiger Kuchen angeordnet sind. Jeder Abschnitt enthält eine bestimmte Konstellation, ein »Sternzeichen«, das sich ergibt, wenn man die Sterne mit Linien verbindet. Ein Blick zum klaren Sternenhimmel reicht, um sie zu entdecken: den Stier Taurus, den Widder Aries, die Zwillinge Gemini und alle anderen in ihrem jeweiligen Himmelsabschnitt.

Nach Ansicht der Astrologen nehmen die Planeten und Sterne Einfluss auf unser Leben, indem sie uns mit ihren unsichtbaren Strahlen treffen. Sie alle beeinflussen uns auf eine besondere Weise. Wer beispielsweise von den Strahlen des Merkur getroffen wird, steckt voller Unternehmungsgeist. Wer aber von den kalten Strahlen des Saturn getroffen wird, braucht sich nicht zu wundern, dass er sich elend fühlt. Ob man glücklich oder traurig ist, reich oder arm, krank oder gesund, hängt davon ab, unter dem Bann welcher Planeten man steht. Die Sternzeichen wiederum haben die Funktion eines Filters, der die Farbe oder Stimmung des Einflusses der Planeten verändert. Wenn die Sonne im heißblütigen Zeichen des Löwen steht, hat sie eine andere Wirkung als im trübsinnigen Abschnitt des Krebses. Da die Planeten ständig wandern, mal nah,

### Astrologie und Astronomie

Astrologie befasst sich mit den verborgenen oder magischen Kräften der Planeten und Sterne. Deshalb gilt sie auch als magische oder okkulte Kunst. Astronomie beschränkt sich hingegen auf die Eigenschaften der Himmelskörper wie: Wie groß sind sie und wie schnell bewegen sie sich. Bis ins 18. Jahrhundert hinein befasste man sich hauptsächlich deshalb mit Astronomie, weil man Informationen für Horoskope brauchte.

### Ein revolutionärer Gedanke

Nikolaus Kopernikus vertrat im Jahr 1543 die These, dass die Sonne und nicht die Erde im Mittelpunkt des Universums stehe. Die Erde sei nur ein Planet, sagte er, der um die Sonne kreise. Aber noch im 17. Jahrhundert hielten die meisten Menschen diesen »revolutionären« Gedanken für lächerlich.

Auf dieser Sternenkarte aus dem Jahr 1660 sind einige große Sternbilder oder Konstellationen abgebildet, die auf der südlichen Halbkugel der Erde zu sehen sind, etwa Löwe, Krebs und Zwillinge (unten links).

mal fern, mal oben, mal unten sind, erreichen ihre Strahlen uns stoßweise. Wenn uns solche kosmischen Winde umwehen, werden wir Menschen hin und hergewirbelt. Ist es da ein Wunder, dass unser Lebensweg so unergründlich ist?

Die Aufgabe des Astrologen ist es, diese unbändigen Kräfte zu erforschen, indem sie ein Horoskop erstellen. Ein Horoskop ist ein Schaubild mit der Position der Sternzeichen und Planeten, wie man sie von einem bestimmten Ort zu einer bestimmten Zeit wahrnimmt. Ein Horoskop deiner Geburt zeigt beispielsweise sämtliche himmlischen Kräfte, die bei deinem ersten Atemzug auf dich strahlten. Wenn deine Eltern einen Zauberer gebeten hätten, ein solches Schaubild zu zeichnen, dann hätten sie einen Ausblick auf dein ganzes Leben erhalten. Welchen Beruf wirst du lernen? Wie

### Alte Neuigkeiten

Der Gedanke, dass die Sterne und Planeten unser Leben lenken, ist sehr alt. Magier im alten Babylonien (heute Irak) zeichneten das erste bekannte Horoskop 410 v. Chr. Die Babylonier führten auch die zwölf Zeichen des Tierkreises ein, die William Lilly benutzte und die noch heute in den Horoskopspalten der Zeitungen auftauchen.

### Die dunkle Kunst der Mathematik

Astrologen waren nicht nur Sterndeuter, sondern auch Mathematiker. Für ein Horoskop mussten sie die Winkel zwischen den Planeten berechnen und andere komplizierte Gleichungen lösen. Weil die Mathematik von Magiern verwendet wurde, hielten viele Menschen sie für eine dunkle Kunst. Nicht zuletzt aus diesem Grund wurde Mathematik erst um 1650 an Schulen oder Universitäten unterrichtet.

Eine Hebamme und zwei Assistentinnen helfen hier um 1550 bei der Geburt eines Kindes. Im Hintergrund studieren zwei Astrologen genau die Stellung der Planeten und Sterne und zeichnen ein Horoskop für das Neugeborene.

viele Kinder wirst du haben? Die Astrologen hätten die Planeten eingezeichnet, Linien gezogen, Winkel gemessen, die mathematischen Formeln gelöst und dann deinen Eltern gesagt, was sie erwartete.

William Lilly brauchte nur acht Wochen, bis er die Kunst, Horoskope zu erstellen, beherrschte. Danach war er bereits so weit, dass er seinen Lehrer bei einem Fehler ertappte. Eine Frau wandte sich in einer Frage an Evans um Rat, und dieser versicherte ihr anhand des Horoskops, dass alles ins Lot kommen würde. Die Frau bezahlte ihn und ging fröhlich nach Hause. Aber Lilly sah auf den ersten Blick, dass sein Meister nicht Recht hatte; das Horoskop kündigte in Wahrheit große Schwierigkeiten an. Warum hatte Evans die Frau angelogen, wollte Lilly wissen. Sie hätte ihm nichts gezahlt, wenn er die Wahrheit gesagt hätte, gab Evans zurück. Ob Lilly denn nicht die erste Regel bei der Ausübung einer magischen Kunst kenne?

Aber mit betrügerischen Tricks wollte Lilly nichts zu tun haben. Deshalb brach er seinen Unterricht bei Evans ab und setzte auf eigene Faust seine Studien fort. Er vollendete seine Fertigkeiten als Astrologe, indem er stapelweise geheimnisvolle, alte Bücher las mit Titeln wie *Magia Naturalis* (»Natürliche Magie«) und *Ars*

*Notoria* (über verbotene Künste). Je mehr Lilly darin las, desto mehr verwirrte ihn die Reichweite seines Themas. Die unsichtbaren Strahlen taten weit mehr, als nur das Auf und Ab unseres Lebens zu beeinflussen. Sie hinterließen überall ihre Spuren, auf allem, was sie berührten. Sie waren in die Linien auf der Stirn eingegraben; sie wählten die Position unserer Muttermale. Sie strahlten ihre Heilkräfte in Kräuter und Edelsteine. Das ganze magische Universum unterstand buchstäblich dem himmlischen Einfluss. Die Wahrheit lag tatsächlich dort draußen, in den Sternen und Planeten.

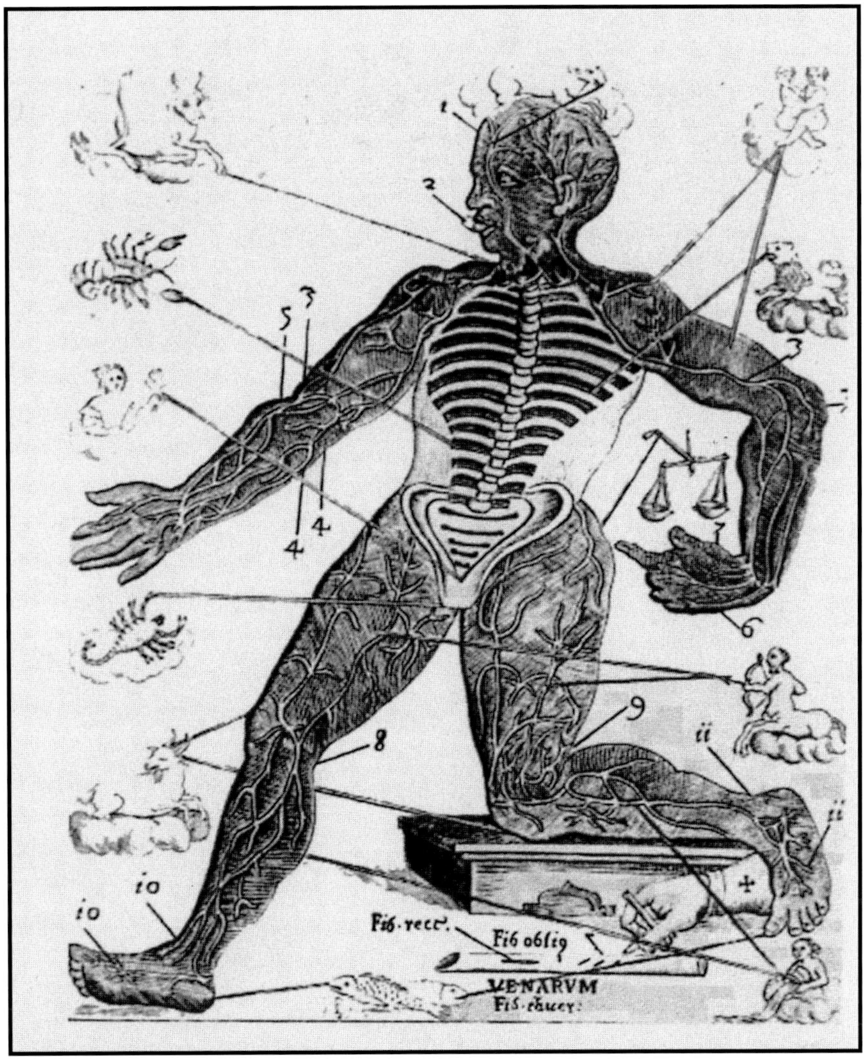


Diese Querschnittzeichnung zeigt die wichtigsten Venen und Arterien sowie die Sternzeichen, die mit verschiedenen Körperteilen in Beziehung stehen. Der Einfluss von Sagittarius (Schütze) ist in den Schenkeln zu spüren, Libra (Waage) hingegen wirkt auf die Hüfte. Astrologen – und sogar Ärzte – verwendeten solche Diagramme für die Diagnose und Behandlung von Krankheiten.

# Der Stein der Weisen

**Unter viel Wehklagen und großer Pein**

**suchten sie nach dem magischen Stein.**

Für einen ehrgeizigen Zauberer wie Isaac Newton war mit der Astrologie – so wundersam sie war – aber nicht die höchste Stufe des magischen Wissens erreicht. Jenseits davon lag das geheimnisvolle Reich der Alchemie. Wie die Astrologen waren auch Alchemisten Gelehrte, die mit der Mathematik die magischen Kräfte der Natur erforschten. Aber die Alchemisten gaben sich nicht damit zufrieden, herauszufinden, wie die magischen Kräfte wirkten. Sie wollten die verborgenen Kräfte steuern, die das Leben der Menschen lenken. Ein gütiger Gott hatte bestimmt nicht die Absicht gehabt, die Menschen leiden zu lassen, dachten die Alchemisten. Wenn sie das magische System nur sorgfältig aufeinander abstimmten, dann müsste es möglich sein, die Armut abzuschaffen und alle Krankheiten zu heilen, ja sogar den Tod zu besiegen.

Der Schlüssel zu diesem Vorhaben war der Stein der Weisen. Dieser »Stein« wurde für gewöhnlich als ein Pulver beschrieben (manchmal gelb, meist rot), das alle Krankheiten heilen und ein langes Leben bringen würde.

*Gegenüber:* Alchemisten zählten zur ersten Riege der Zauberer. Auf diesem Bild aus dem Jahr 1589 hält ein Alchemist ein Glasgefäß und spricht magische Zauberformeln, umrahmt von Wundern der Natur.

*Oben:* Wie die Astrologen glaubten auch Alchemisten, dass Strahlen der Sterne und Planeten für ihre Arbeit wichtig waren. Hier führt ein Alchemist ein Experiment unter dem Sternzeichen des Widders durch. Zu dem Apparat links gehören der »kosmische Ofen« des Alchemisten und Gefäße und Rohre aus Glas.

*Links:* Zwei Alchemisten achten sehr genau auf die Flüssigkeiten und Gase, die sie in ihrem kunstvollen Glasapparat erhitzen.

Und das waren nur einige der erstaunlichen Kräfte. Dieselbe unglaubliche Substanz konnte Blei und andere wertlose Metalle in reines Gold verwandeln. Wer das Geheimnis kannte, wurde unendlich reich. Doch da gab es ein Problem. Der Stein der Weisen war irgendwo in der Natur verborgen und niemand wusste, wo man nach ihm suchen musste. Manche Alchemisten glaubten, sie könnten ihn aus einem Gemisch von Mineralien wie Schwefel und Quecksilber gewinnen. Andere waren überzeugt, dass man ihn in ganz gewöhnlichen Dingen finden werde, wo man ihn am wenigsten vermuten würde. Er könnte etwa in Eierschalen stecken oder in Pfefferminzblättern oder im Urin. Also schickten sich die Alchemisten an, mit allem zu experimentieren, was ihnen in den Sinn kam. Jeder hoffte, als Erster das unbezahlbare Pulver zu entdecken.

Im Labor eines Alchemisten wurde einem ganz schwindlig vor seltsamen Eindrücken. Im Zentrum des ganzen Treibens stand eine gemauerte Feuerstelle – der »kosmische Ofen« –, der für die nötige Hitze sorgte. Im Feuerschein saß der Alchemist oder (wenn er sich einen leisten konnte) sein Assistent und bediente schwitzend und keuchend einige Blasebälge. Damit blies er Luft in den Ofen und hielt das Feuer auf der richtigen Temperatur. Wenn es zu sehr abkühlte oder zu heiß loderte, war das Experiment gescheitert. Auf der Herdplatte des Ofens stand ein seltsam geformtes Gefäß aus

### Die Ursprünge der Alchemie

Die Alchemie ist wie die Astrologie eine sehr alte Kunst. Niemand weiß mit Sicherheit, wer die ersten Alchemisten waren, vermutlich Gelehrte und Priester im alten Indien und China. Im Laufe der Jahrhunderte wurde Alchemie auch in Ägypten (von etwa 300 v. Chr. bis 600 n. Chr.) und in Persien (von 600 n. Chr. bis 1300) praktiziert. Alchemistisches Wissen gelangte vor gut 800 Jahren (um 1200) über Persien nach Europa. Damals wurden viele uralte alchemistische Schriften aus dem Arabischen in Latein übersetzt, die Sprache der europäischen Gelehrten. Als mehr Europäer von der Alchemie hörten, wuchs die Begeisterung. Die Suche nach dem Stein der Weisen erreichte im 16. und 17. Jahrhundert ihren Höhepunkt.

### Das Motto der Alchemisten

*Ora, lege, lege, lege*

*Relege, labora et invenies.*

*(Bete, lese, lese, lese,*

*Lies erneut, arbeite und*

*erschaffe.)*

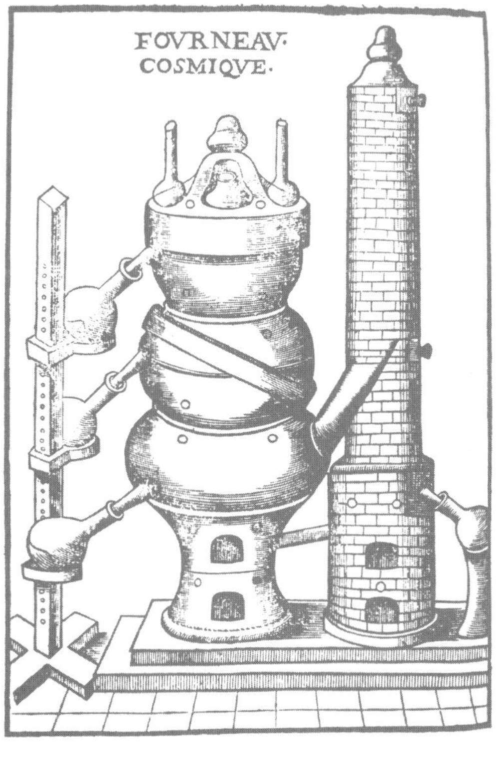


Ein Junge beobachtet staunend, wie sorgsam ein Alchemist sich um eines der endlosen Experimente kümmert. Mit Blasebälgen bläst er Luft in das Feuer seines Ofens, um die Temperatur konstant zu halten. Im Hintergrund brodelt bereits ein weiteres Experiment, während zwei Assistenten die Zutaten für einen neuen Versuch vorbereiten. Dieser Blick in das Labor eines Alchemisten wurde 1650 zum ersten Mal veröffentlicht.

*Links:* »Fourneau cosmique« heißt auf Französisch »Kosmischer Ofen«.

Keramik und Glas mit einem runden Körper und einem spitz zulaufenden Arm. Dieses Seitenrohr (oder die Rohre, manchmal waren es mehrere) schwoll am Ende zu einer zweiten Kugel an. An den Wänden des Labors reihten sich ähnlich bizarre Glaskolben, einer unförmiger als der andere.

Auf der Suche nach dem Stein der Weisen erhitzten Alchemisten in diesen wundersamen Gefäßen Substanzen und destillierten sie. Als Erstes wurde eine Probe des Stoffes mit anderen Zutaten vermischt und in eine hohe Schüssel, einen Tiegel, gegeben. Die Mixtur wurde erhitzt. Wenn eine hohe Temperatur gewünscht wurde, stellte man den Tiegel auf den Ofen. Genügte eine niedrigere Temperatur, so stellte man ihn in ein Wasserbad oder packte ihn in verrottenden Pferdemist ein. (Die Hitze, die sich beim Zerfall entwickelte, hielt die Mixtur warm.) Nach der Erhitzungsphase kam die Destillation. Die angebackene Substanz in dem Tiegel wurde mit einer Säure abgelöst und in ein Glasgefäß gegeben. Das Gefäß wurde verschlossen und wieder aufs Feuer gestellt. Die Temperatur musste für eine bestimmte Dauer konstant gehalten werden, oft einen »Monat der Weisen« lang, 40 Tage. Nach gegebener Zeit sollte ein Teil der ursprünglichen Masse verdampfen und im Gefäß bis in die Röhrchen aufsteigen. Wenn die Dämpfe sich abkühlten, kondensierten sie zu winzigen Tröpfchen und sammelten sich am Ende der Röhrchen. Dieses Destillat konnte der Alchemist abziehen und zu einem Pulver trocknen. Hatte er endlich den Stein der Weisen gefunden?

Manchmal forschte ein Alchemist auf eigene Faust, meist hielt er sich aber an Anweisungen, die er in Büchern entdeckt hatte. Es gab ganze Bücherregale

### In Rätseln sprechen

Alchemisten waren sehr stolz und hielten sich für nobler und klüger als gewöhnliche Menschen. Damit das gemeine Volk ihre Bücher nicht verstand, beschrieben sie verschlüsselt ihre Experimente. Im Folgenden schildert etwa Basilius Valentinus, ein Alchemist des 17. Jahrhunderts, eine Methode, um Gold (»König«) zu reinigen, indem es gemeinsam mit Antimonsulfid (»Wolf«) erhitzt wird. Es sollte reines Gold (»Unser Leib«) für künftige Experimente gewonnen werden: »Nimm einen geizigen grauen Wolf ... und wirf ihn vor den Leib des Königs. Und wenn er ihn verschlungen hat, so wirf den Wolf in ein großes Feuer, dass er ganz und gar verbrenne. So wird der König erlöst. Wenn das drei Mal geschieht, so hat der Löwe den Wolf überwunden, und es wird nichts mehr an ihm zum Verzehren sein. So ist dann unser Leib vollkommen zum Anfang unseres Werks.«

voller alchemistischer Schriften (manche über tausend Jahre alt), und jede riet zu einem anderen Verfahren. Dennoch behauptete jeder Autor, dass man, wenn man seine Anweisungen genau befolge, ganz bestimmt Erfolg haben werde. Nimm hiervon und davon, rühr es um und erhitze es, destilliere und extrahiere. Wirf eine Prise des gewonnenen Pulvers in einen Topf Blei und – Hokuspokus – bist du unendlich reich!

Aber ein ums andere Mal klappte es nicht und jedes Mal wurde eine Ausrede gefunden: Der Assistent hatte das Feuer ausgehen lassen, bevor die 40 Tage um waren, ein Glasgefäß war während der Destillation zerbrochen. Und selbst wenn es dem Alchemisten gelungen war, jeden Schritt auszuführen, konnte er dennoch wegen seiner eigenen geistigen Schwäche scheitern. Während er nämlich Substanzen in seinem Labor reinigte, wurde von ihm erwartet, dass er gleichzeitig seine Seele durch Gebet und Fasten reinigte. Gott würde seine tiefsten Geheimnisse doch keinem gewöhnlichen Sünder offenbaren!

Alchemisten benutzten alle möglichen, seltsam aussehenden Glasgefäße, mit Namen wie Vogel Strauß, Pelikan und Bär.

Mit abgerissenen Kleidern setzen ein Alchemist und sein Assistent ihre Forschung mitten in zerbrochenen Flaschen und verstreuten Instrumenten fort. Die Anspannung steht ihnen ins Gesicht geschrieben.

Aus irgendeinem Grund war der Stein der Weisen immer unerreichbar geblieben. Die Alchemisten glaubten jedoch fest daran, dass sie ihn irgendwann finden würden. Ihre Hoffnung wurde von Geschichten von Menschen (in alten Zeiten oder an fernen Orten) genährt, die das ultimative Ziel der Magie erreicht hatten. Beispielsweise lebte um 1400 in Paris ein Beamter namens Nicholas Flamel. Er hatte das Geheimnis des Steins der Weisen offenbar aus einem geheimnisvollen alten Buch erfahren und mit seiner Frau Perrenelle buchstäblich ein Vermögen an reinem Gold erworben. Mit ihrem plötzlichen Reichtum hatten sie in verschiedenen Teilen Frankreichs 3 Kirchen und 14 Krankenhäuser gebaut. Bemerkenswerterweise hatte 200 Jahre lang niemand etwas von ihrer großen Leistung gewusst und ihr alchemistisches Wissen schien mit ihnen gestorben. Möglicherweise hätten wir nie von ihnen erfahren, wenn nicht Anfang des 17. Jahrhunderts unvermutet ein Büchlein aufgetaucht wäre, das als Autobiografie von Nicholas Flamel ausgegeben wurde, und die Geschichte wurde tatsächlich geglaubt.

Dr. Arthur Dee, der von 1579 bis 1651 lebte, war ein angesehener Arzt und diente dem russischen Zaren und dem englischen König. Als Alchemist – und Sohn des Zauberers John Dee – schwor er einen Eid, dass er als Junge mit eigenen Augen »sichtbar, unfehlbar und mehrmals« den Stein der Weisen gesehen habe, und,

Wie hat er das gemacht? Der Mann ist so verblüfft über die Geschicklichkeit des Magiers, dass er den Jungen (der Sohn des Magiers?) nicht bemerkt, der ihm den Beutel leert. Das Gemälde, das vermutlich von dem großen niederländischen Maler Hieronymus Bosch stammt, ist um 1500 entstanden.

dass er mit einem Stück Gold, das aus dem Schmelzofen genommen wurde, Darts gespielt hätte.

Ein Zeitgenosse Arthur Dees, Jean Baptiste von Helmont, war ein gewissenhafter Beobachter der Natur und hatte entdeckt, was ein Gas ist. Er war auch Alchemist. In seiner Autobiografie aus dem Jahr 1662 schrieb er von einem Iren namens Butler, der einen »besonderen kleinen Stein« hatte, mit dem Krankheiten geheilt werden konnten. »Ich habe gesehen, wie eine arme alte Frau, eine Wäscherin, die seit ungefähr 16 Jahren an einer unerträglichen Migräne litt, auf der Stelle in meiner Gegenwart geheilt wurde«, sagte van Helmont. Um dieses kleine Wunder zu vollbringen, hatte Butler zuerst den Stein in einen Esslöffel Öl getaucht und dieses »präparierte« Öl in eine kleine Flasche Olivenöl gegossen. Von der verdünnten Mischung nahm er dann einen Tropfen und rieb ihn auf die Stirn der Frau. Sie war »sofort geheilt und blieb einige Jahre lang wohlauf«, wunderte sich van Helmont, »was ich hiermit bezeuge.«

Später wurde der Stein der Weisen als Hirngespinst abgetan. Aber im 17. Jahrhundert suchten die besten Zauberer nach ihm.

**Raffinierter Trick**

Auch Alchemisten griffen gelegentlich in die Trickkiste. Ein Scharlatan gab sich alle Mühe, sein Experiment möglichst echt aussehen zu lassen. Aber er verwendete einen geheimen Gegenstand: ein Stück Kohle oder einen Rührstab, der innen hohl war. Diese Höhlung konnte mit Gold gefüllt und mit schwarzem Wachs versiegelt werden. In der Hitze des Ofens schmolz das Wachs und das Gold trat aus. Das grenzte zweifellos an Magie!

# Ein grosser Gelehrter

Ein Wink mit dem Zauberstab der Geschichte –

Morgen ist heute, und gestern zunichte.

In diesem Universum voller Geheimnisse war mittlerweile eines klar geworden: Nichts und niemand konnte jemals aus Isaac Newton einen Landwirt machen. Mit Sechzehn, als er von der Schule ging, und auch später hatte er in diesem Beruf keinen Erfolg. Am Ende gab seine Familie auf und schickte ihn aufs College.

Im Jahr 1669 war der einstige Zauberlehrling zu einem Mann von 27 Jahren herangewachsen. Der geschulte Mathematiker hatte erst vor kurzem eine Stelle an der Universität von Cambridge als »Fellow« erhalten, als Inhaber eines Forschungsstipendiums. In dieser Stellung hatte er Anspruch auf ein geräumiges Zimmer, auf Mahlzeiten an der »hohen Tafel« im Speisesaal der Fakultät, einen jährlichen Zuschuss für akademische Kleidung und ein ansehnliches Gehalt. Dafür brauchte er nichts anderes zu tun als zu studieren, nachzudenken, zu träumen – seiner Wissbegier zu folgen, wo immer sie ihn hintreiben mochte. Selbst seine Verwandten mussten zugeben, dass der gescheiterte Landwirt Isaac es zu etwas gebracht hatte.

Dieses Bild aus einem Kinderbuch von 1911 zeigt einen Alchemisten in einem Moment der Verwunderung und des Triumphes: Er hat Gold geschaffen!

*Gegenüber:* Dieser Zauberer aus einem Kinderbuch von 1912 richtet seinen glasigen Blick auf die Geheimnisse in seiner Kristallkugel.

In einem Gefäß des Alchemisten schimmert seine letzte Entdeckung. Auch wenn er nicht den Stein der Weisen gefunden hat, hat er womöglich einen nützlichen Beitrag zur Chemie geleistet.

Als Erstes schmückte Isaac sein Zimmer karmesinrot: neue Kissen, Stühle, Vorhänge und Tagesdecken. Als Zweites richtete er sich als Alchemist ein. Schon bald war seine frisch dekorierte Behausung voll gestopft mit Bechergläsern, Kolben, Tiegeln, Röhren, Chemikalien (Quecksilber, Silber, Blei) und einem Chaos aus Büchern und Papieren. Irgendwie schaffte er es sogar zwei alchemistische Öfen unterzubringen. Er vertiefte sich in seine alchemistischen Experimente, um Geheimnisse zu enthüllen.

Die Alchemie wurde schon bald zu seiner großen Leidenschaft. Wenn er ein Experiment durchführte, vergaß er das Essen und schlief kaum noch. Er achtete nur noch darauf, das Feuer in Gang zu halten und zu beobachten, was sich in den Gefäßen abspielte. Da er ein Zauberer war, sprach er von den Chemikalien beinahe so, als wären sie lebendig. Wenn zwei Substanzen wie Öl und Wasser sich nicht vermischen wollten, dann lag das daran, dass sie einem »geheimen Prinzip der Ungeselligkeit« unterlagen. (Sie mochten sich nicht.) Wenn sie miteinander reagierten wie die Metalle Blei und Antimon, dann nur, weil eines von ihnen ein »Magnet« war, der das andere anzog. (Sie waren Freunde.) Von Anfang an war Isaac überzeugt gewesen, dass unsichtbare Kräfte in der Natur wirkten. Wenn es in seinen Kolben zischte und dampfte, dann sah er diese magischen Kräfte am Werk.

Isaac bewahrte jedoch Stillschweigen über die Geheimnisse, die er in Händen hielt. Das war tiefgründige Forschung und musste unbedingt geheim gehalten werden. Deshalb machte er sich zwar sorgfältige Notizen zu seinen Experimenten – insgesamt rund 7000 Seiten –, sprach aber nur mit seinen engsten Freunden über Alchemie. Endlich, im Jahr 1693, nach 24 Jahren intensiver Arbeit, schrieb er in seine privaten Aufzeichnungen, dass er den Stein der Weisen gefunden und Gold hergestellt habe. Unmittelbar danach erlitt er einen Nervenzusammenbruch. Nach seiner Genesung räumte er seine ganze Ausrüstung weg und gab die Forschung auf. In all den Jahren bis zu seinem Tod (er starb 1727 im Alter von 84 Jahren) verlor niemand ein Wort über seine alchemistische Arbeit. Seine Geheimnisse blieben bis 1936 unent-

**Eine (al)chemische Reaktion**

Die Alchemie ist der Vorläufer der Chemie. Die Chemiker verwarfen das ganze Gerede von »Anziehung« und »Ungeselligkeit«. Sie betrachteten die Atome und Moleküle als einfache Bausteine. Später entdeckten sie, dass die Atome aus noch kleineren Teilchen bestanden: Protonen, Neutronen und Elektronen. Wenn Chemiker an diesen Teilchen herumbasteln, könnten sie heute das hohe Ziel der Alchemisten erreichen. Sie können Blei zu Gold machen, allerdings wäre das ein sehr kostspieliges Verfahren.

**Ein Münzmeister**

Ende des 17. Jahrhunderts gab Isaac Newton seine magischen und wissenschaftlichen Studien auf und nahm die Stelle des Königlichen Münzmeisters an. Hier konnte er das Wissen über Metalle und Metallurgie, das er im Laufe der alchemistischen Studien erworben hatte, praktisch anwenden. Auch wenn es ihm nie gelungen war, Gold herzustellen, stellte er im wahrsten Sinne des Wortes säckeweise Geld her!

*Links:* Auf diesem Bild wirkt Isaac Newton (46 Jahre alt) ausgemergelt und hat Ringe unter den Augen, weil er zu wenig gegessen und geschlafen hat – das Bild eines echten Alchemisten.

deckt, als eine Truhe voller privater Aufzeichnungen Newtons, die am Ende der Öffentlichkeit zugänglich gemacht wurde, bei einer Auktion zum Verkauf angeboten wurde.

Als die Neuigkeit sich herumsprach, dass der große Sir Isaac Newton ein Alchemist war, zeigten sich viele schockiert. Er war als brillanter Physiker und Vorreiter der wissenschaftlichen Revolution in die Geschichte eingegangen. Er hatte nicht nur eine neue Form der Mathematik, die höhere Analysis, erfunden, er hatte auch die Optik (die Lehre von Licht und Linsen) revolutioniert. Damit nicht genug, er hatte die ersten mathematischen Formeln zur Berechnung der Energie von bewegten Objekten entwickelt. Für den Magier Newton pulsierte die Welt voller Lebensenergie. In den Augen des Wissenschaftlers Newton glich sie eher einer Maschine. Seine Formeln beschrieben ein einfaches, mechanisches Universum, in dem leblose Objekte physikalische Energie austauschten. Willkommen in der Welt der modernen Physik!

Isaac Newton sah keinen Widerspruch zwischen Magie und Wissenschaft. Er glaubte, die beiden Wege, die Welt zu verstehen, würden sich gegenseitig ergänzen. (Wenn er seine Gedanken in einer Gleichung ausgedrückt hätte, dann hätte sie vielleicht so ausgesehen: Magie + Wissenschaft = Wahrheit.) Aber viele Zeitgenossen waren von seinen wissenschaftlichen Erkenntnissen beeindruckt. Sie meinten, sie hätten jetzt gelernt, Gottes Gedanken zu lesen. Für diese Menschen war der Triumph der Wissenschaft gleichbedeutend mit dem Tod der Magie. Mit einem Mal wirkte die stolze, magische Tradition wie eine 2000-jährige Geschichte von Irrtümern. Die Ideen der Zauberer

**Magie und Wissenschaft**

Viele halten Magie und Wissenschaft für Gegensätze. Jahrtausendelang vernebelte der Menschheit eine Wolke der Unwissenheit den Blick, bis die Wissenschaft endlich auf den Plan trat und uns die Augen öffnete. Sie halten die Wissenschaft für den Feind der Magie. In Wirklichkeit kann man Wissenschaft und Magie eher als Angehörige der gleichen Familie betrachten. Sie sind sich nicht immer einig, aber sie haben dieselben Vorfahren. Viele Gelehrte, die zur wissenschaftlichen Revolution beitrugen, waren sowohl Zauberer als auch Wissenschaftler. Neben Isaac Newton sind hier etwa die Astronomen Nikolaus Kopernikus und Johannes Kepler sowie der Chemiker Robert Boyle zu nennen. Über die Magie fanden sie zum Studium der Mathematik und zu der Suche nach verborgenen Wahrheiten. So war der Aufstieg der Wissenschaft das erstaunliche letzte Kapitel in der Suche der Zauberer nach Wissen.

Im neuen Zeitalter der Wissenschaft wurden Menschen, die an Magie glaubten, als Narren angesehen. Auf dieser Zeichnung aus dem 18. Jahrhundert stülpt der Teufel (rechts) einem Mann, der eine Geisterbeschwörerin zu Rate zieht, eine Narrenkappe über.

mochten ja ganz amüsant sein, doch was nutzte das? Das Wichtigste war, so sagten die Skeptiker, die Wahrheit.

Isaac Newtons Wissenschaft hatte einen großen Vorteil: Sie funktionierte. Schon bald öffnete seine Physik das Tor zu einem Zeitalter neuer Wunderwerke. Die Dampfmaschine, die Lokomotive, der Verbrennungsmotor, das Flugzeug – alle diese Wunder der Technik wurden mit Hilfe von Newtons Mathematik möglich. Die Magier hatten davon geträumt zu fliegen, aber für sie blieb es nur ein Traum. In der neuen Welt der Wissenschaft wurden Träume wahr.

Die wissenschaftliche Revolution der Neuzeit brachte eine radikale Veränderung in der Weltanschauung der Menschen mit sich. Von nun an übernahm die Wissenschaft die führende Rolle, die Magie wurde nicht mehr ernst genommen. Dabei leben magische Vorstellungen noch heute weiter, in Geschichten, in der Musik, in der Kunst – in dem Gefühl, dass die Natur voller Geheimnisse steckt. So erstaunlich es scheinen mag, selbst die Wissenschaft hat etwas Magisches an sich.

Isaac Newtons wissenschaftliches Meisterwerk sind seine *Mathematischen Grundlagen der Naturphilosophie,* die im Jahr 1687 veröffentlicht wurden. Die Gesetze der Physik überträgt er darin auf das Universum, um die Bewegungen der Sterne und Planeten zu beschreiben. Den Kern seiner Überlegungen bildet die Gra-

Eine Gruppe Kinder verspottet einen alten Mann, den sie für einen Zauberer hält.

*Rechts:* Die Welt der Zauberer und der Zauberei lebt in Kinderbüchern weiter. Dieses aktuelle Bild eines bösen Zauberers malte Robin Muller für sein Buch *The Sorcerer's Apprentice* (Der Zauberlehrling). So erfrischend originell das Bild ist, hat es doch viele Elemente aus alten Zeichnungen von Apothekern, Astrologen und – vor allem – Alchemisten übernommen.

*Unten:* Der wunderbare Zauberer von Oz wurde 1900 von dem Autor L. Frank Baum erfunden. Das Porträt zeichnete John R. Neil und es basiert auf »der letzten Aufnahme des Zauberers, die der Hoffotograf von Oz gemacht hatte« (zumindest steht es so im Buch).

vitationstheorie. Die Gravitation oder Schwerkraft ist wichtig für uns, weil sie uns auf der Erde hält und bewirkt, dass alle Planeten auf ihren Umlaufbahnen um die Sonne bleiben. Newton zeigte mit Hilfe der Mathematik, wie die Schwerkraft sich auswirkt, hatte aber keine genaue Vorstellung davon, was es war. Könnte es sein, so fragte sich der alte Zauberer vielleicht, dass es eine okkulte oder verborgene Kraft ist – eine unerklärliche Anziehung zwischen den Planeten? Wenn er nicht auch Magie gelernt hätte, dann hätte er vermutlich nie über etwas so Merkwürdiges wie die Schwerkraft nachgedacht.

Bis heute können Wissenschaftler nicht genau erklären, wie die Schwerkraft funktioniert. Steckt im Herzen des Universums vielleicht doch eine Spur Magie?

**»Der große Ozean der Wahrheit«**

Isaac Newton sprach bescheiden über seine Leistungen. »Ich weiß nicht, was die Welt in mir sieht, aber mir selber komme ich vor wie ein Knabe, der am Meeresufer spielt und sich damit vergnügt, dass er dann und wann einen glatteren Kiesel oder eine schönere Muschel als gewöhnlich findet, während der große Ozean der Wahrheit unerforscht vor ihm liegt.«

# Glossar

**Alchemie:** mystische, magische Kunst, die chemische Experimente zur Entdeckung des Steins der Weisen umfasst

**Alchemist:** jemand, der Alchemie betreibt

**Amulett:** Zauberformel, die als Halskette oder Armreif getragen wird

**Analysis:** mathematische Methode zur Untersuchung von Schaubildern oder Gegenständen, die einer Kurvenlinie folgen

**Antipathie:** Abneigung, Widerwillen

**Apotheker:** jemand, der Tränke und Zauberformeln sowie die entsprechenden Zutaten verkauft

**Astrologe:** jemand, der Astrologie betreibt

**Astrologie:** magische Kunst der Berechnung des Einflusses der Planeten und Sterne auf das Leben der Menschen. Astrologie geht davon aus, dass Himmelsstrahlen das Geschehen auf der Erde beeinflussen

**Besessenheit:** ein Dämon wohnt in jemandem. Früher glaubte man, Dämonen würden Geisteskrankheiten verursachen

**Chemie:** Wissenschaft, die sich mit der Zusammensetzung der Stoffe und ihren Reaktionen untereinander befasst

**Dämon:** böser Geist

**Destillat:** Substanz, die nach der Destillation übrig bleibt

**Destillation:** Reinigungsprozess der Stoffe durch Verdampfen und Kondensation

**Dunkle Künste:** böse Magie, die mit dem Beistand des Teufels praktiziert wird

**Fixsterne:** Sterne wie die Sonne

**Geist:** Energie voller Leben

**Heilkraut:** Pflanze, die in der Medizin verwendet wird

**Heraufbeschwören:** zum Erscheinen zwingen

**Hexe:** eine Person, in der Regel eine Frau, die einen Pakt mit dem Teufel geschlossen hat und schwarze Magie ausüben kann

**Hexenmeister:** böser Magier, Anhänger der dunklen Künste

**Horoskop:** Schaubild eines Astrologen, um den Einfluss der Sterne und Planeten auf eine bestimmte Person zu einem bestimmten Zeitpunkt zu berechnen

**Konstellation:** Gruppe von Sternen, die über Linien verbunden ein Bild ergeben. *Siehe auch* Sternzeichen

**Kosmischer Ofen:** Feuerstelle oder Herd der Alchemisten für ihre Experimente

**Kristalloskopie:** in einer Kristallkugel oder einer spiegelnden Oberfläche die Zukunft sehen

**Magie:** Methode, die Welt zu verstehen, die auf der Vorstellung beruht, dass die Natur voller unsichtbarer Kräfte steckt. Die Magie ist die Kunst, diese Kräfte zu kontrollieren. *Siehe auch* Wissenschaft

**Magus:** ein großer Zauberer mit einem tiefen Wissen von den verborgenen Wahrheiten. Die Mehrzahl von »Magus« lautet »Magi«

**Materie:** alles, was Raum einnimmt (Feststoff, Flüssigkeit oder Gas)

**Natürliche Magie:** die Kunst, mit unsichtbaren Kräften zu wirken, die in der Natur verborgen sind

**okkult:** verborgen; ganz allgemein steht okkult für alles Rätselhafte oder Magische

**Pakt:** ein Handel oder Vertrag

**Pest:** schreckliche Seuche, an der im 17. Jahrhundert Tausende von Menschen starben. Sie heißt auch Beulenpest oder der Schwarze Tod

**Physik:** Wissenschaft, die sich mit Energie und Materie befasst und damit, wie sie sich gegenseitig beeinflussen

**Schutzgeist:** Dämon in der Gestalt eines Haustiers

**Schwarze Magie:** böse Magie. *Siehe auch* Dunkle Künste

**Signaturenlehre:** Vorstellung, dass sich am Äußeren der Pflanze ablesen lässt, wofür sie sich eignet

**Stein der Weisen:** magische Substanz, die angeblich alle Krankheiten heilen und wertlose Metalle zu Gold machen kann. Den Stein der Weisen zu finden war das Ziel der Alchemie

**Sternzeichen:** eine von zwölf Konstellationen (Sternbildern), die von Astrologen verwendet werden

**Strahlen:** Bündel von Energie, die das Weltall durchqueren

**Sympathien:** Zuneigung, Freundschaft

**Tugend:** verborgene Kraft

**Wahrsagen:** magische Kunst, in

die Vergangenheit und in die Zukunft zu blicken

**Wahrsager:** jemand, der Wahrsagerei betreibt

**Wandernde Sterne:** Planeten

**Weiser:** jemand, der sich tiefgründige Gedanken über den Sinn des Lebens macht

**Wissenschaft:** Methode, die Welt zu verstehen, die auf der Annahme beruht, dass die physische Welt allein von physikalischen Kräften gesteuert wird. *Siehe auch* Magie

**Wissenschaftliche Revolution:** grundlegende Veränderung der Weltanschauung der Menschen im 16. und 17. Jahrhundert. Im Zuge der wissenschaftlichen Revolution geriet die Magie in Verruf und die moderne Wissenschaft war auf dem Vormarsch. Vorreiter waren unter anderen Nikolaus Kopernikus, Galileo Galilei, Francis Bacon, René Descartes und Isaac Newton

**Wunderheiler:** ein Heilkundiger im Dorf

**Zauberer:** ein geübter Magier

**Zauberformel:** magischer Spruch oder Reim

**Zaubertrank:** Mischung aus Heilkräutern und anderen Zutaten, der angeblich magische Kräfte hatte

**Zodiakus:** Tierkreis, der den Himmel mit den zwölf Sternzeichen der Astrologen darstellt

# Weitere Informationen

## Die magische Tradition

### Websites

- Die Website und virtuelle Bibliothek zur Alchemie (www.levity.com/alchemy/home.html) bietet einen vollständigen Online-Führer zu alchemistischen Büchern, Symbolen, Zitaten und Diskussionsgruppen an. Du findest dort sogar einen Kurs zum Lernen der Alchemie.
- *Magia Naturalis* von Giovanni Battista Porta erschien im Jahr 1558 auf Latein und wurde 1658 ins Englische übersetzt. Wenn du wissen willst, wie Zauberer wirklich dachten und was sie taten, dann kannst du dieses Buch auf Englisch im Internet lesen. Gehe zu members.tscnet.com/pages/omard1/jportat5.html oder suche nach der Wendung »natural magick«.
- Die John Dee Society (www.johndee.org) konzentriert sich auf das Leben des großen englischen Gelehrten und Zauberers. Das John Dee Publication Project (www.dnai.com/cholden/) enthält den vollständigen Text der Tagebücher, die Dee über seine Versuche führte, mit Engeln zu sprechen und ihre Sprache zu lernen.
- Das Twilit Grotto Esoteric Archives (www.esoteric-archives.com/esoteric.htm) ist eine riesige Online-Bibliothek magischer Texte, von denen die meisten im 16. und 17. Jahrhundert zum ersten Mal erschienen sind. Sie enthält etwa das vierbändige Werk *Von der okkulten Philosophie* von Heinrich Cornelius Agrippa, ein Standardwerk über die natürliche Magie. Das Archiv bietet auch eine Auswahl von Zauberbüchern.

### Romane

Hunderte, vielleicht sogar Tausende von Romanen machen sich die magische Tradition in der einen oder anderen Form zunutze. Hier ist eine Auswahl lesenswerter Titel:

- *Boggarts Geistertanz* von Susan Cooper (Ravensburger, 1993) ist eine muntere Geschichte über die Missgeschicke eines mystischen Wesens aus dem schottischen Hochland, das sich in der modernen Welt der Technik zurechtfinden muss. Susan Cooper hat auch die beliebte Reihe »Die Mächte des Lichts« geschrieben, die fünf Bücher umfasst: *Bevor die Flut kommt, Wintersonnenwende, Greenwitch, Der graue König* und *Die Mächte des Lichts.*
- *Harry Potter und der Stein der Weisen* (Carlsen Verlag, 1998) ist der erste einer großartigen Reihe von Romanen der Autorin J. K. Rowling. (Die englische Originalausgabe heißt *Harry Potter and the Philosopher's Stone.)* Abgesehen davon, dass die Romane spannend und witzig geschrieben sind, hat die Autorin auf fas-

zinierende Weise magische Elemente mit der Handlung verwoben.

- *Das Haus des Magiers* von William Corlett, eine 4-bändige Reihe (Bd. 1: Die Stufen im Kamin; Bd. 2: Die Tür im Baum; Bd. 3: Der Tunnel hinter dem Wasserfall; Bd. 4: Die Brücke in den Wolken; dtv junior) erzählt die Geschichte von drei Kindern, die ihre Ferien auf einem Landsitz verbringen, wo sie die Bekanntschaft eines großen alten Magiers und Alchemisten machen, dem sie in seinem Kampf gegen die dunklen Mächte zur Seite stehen.
- *Hexenkind* (Arena Verlag, 2001) von Celia Rees spielt im 17. Jahrhundert und erzählt die Geschichte der jungen Mary, die bemerkt, dass sie besondere – magische – Fähigkeiten besitzt, die sie zur Außenseiterin in der Dorfgemeinschaft werden lassen.
- *Der wunderbare Zauberer von Oz* von L. Frank Baum erschien erstmals im Jahr 1900 und wird seither immer wieder aufgelegt. Titelheld ist ein Zauberer, der nur deshalb Wunder vollbringen kann, weil die Menschen an ihn glauben. Wenn dir das Buch gefällt, gefallen dir vielleicht auch einige Episoden der Fernsehserie, insgesamt 14 Teile. Nicht zu vergessen, der Spielfilmklassiker von 1939 mit Judy Garland.

### Nachschlagewerke

- *Das Zauberbuch für Frauen* von Gillian Kemp (Scherz Verlag, 2000) enthält Anweisungen zur magischen Heilung von Kopfschmerzen, zum Wiederfinden verlorener Gegenstände, Lösen von Krämpfen und vieler anderer alltäglicher Probleme. Ob ihre Magie hilft? Probier es selbst aus.
- *Hexen und Zauberer* von Douglas Hill (Dorling Kindersley, 1997) ist ein hübscher Bildband über magische Praktiken auf der ganzen Welt. Die Themenpalette reicht von »Berühmte Hexen und Zauberer« bis hin zu »Afrikanische Hexerei« und »Zauberkunst Südost-Asiens«.

## Isaac Newton und die wissenschaftliche Revolution

### Websites

- Newton.org.uk (www.newton.org.uk) bietet ein virtuelles Museum über Leben und Werk Sir Isaac Newtons, auch biografische Angaben, Karten, Porträts und Links zu anderen Websites. Man findet hier zuverlässige Informationen über Newtons Beitrag zur Wissenschaft, es fehlt aber sein Interesse an der Magie.
- Das Newton Institute an der Cambridge University (www.newton.cam.ac.uk/newton.html) bietet Links zu einer Vielzahl hochinteressanter Websites über Sir Isaac Newtons Beitrag zur Wissenschaft. Sieh dir die Überschriften »Isaac Newton Ressources« und »Isaac Newton on the Web« an.
- Das Modern History Sourcebook (www.fordham.edu/halsall/mod/SCIREV.html) enthält einen kurzen Abriss der Hauptereignisse der wissenschaftlichen Revolution. Eine ausführliche Darstellung gibt eine Site mit dem Titel »Scientific Revolution«, geschrieben von Professor Gerhard Rempel vom Western New England College.

### Nachschlagewerke

- *Isaac Newton and the Scientific Revolution* von Gale E. Christianson (Oxford University Press, 1998) bietet Jugendlichen eine tiefgründige Darstellung von Isaac Newtons Leben und Werk.
- *Isaac Newton: Discovering the Laws that Govern the Universe* von Michael White (Blackbird Press, 1999) gibt eine knappe, illustrierte Darstellung von Newtons wissenschaftlicher Arbeit, vor allem für junge Leser. Leider erwähnt der Autor Newtons Interesse an Magie überhaupt nicht.
- *Isaac Newton und die Schwerkraft* von Steve Parker (Peters-Verlag, 1994) ist ein weiteres Buch zu diesem Thema.

# Eine Bemerkung zu den Quellen

Die Fakten aus Isaac Newtons Leben in diesem Buch sind Richard Westfalls Biografie entnommen *Never At Rest: A Biography of Isaac Newton* (1980). Auf den 908 Seiten behandelt dieses Buch jeden Aspekt von Newtons persönlicher und geistiger Laufbahn. Michael Whites *Isaac Newton: The Last Sorcerer* (1997) war ebenfalls sehr hilfreich, vor allem wegen der Erläuterungen zu Newtons wissenschaftlichen, magischen und theologischen Vorstellungen. Die Hauptquelle zu Newtons Alchemie war *The Janus Face of Genius: The Role of Alchemy in Newton's Thoughts* von Betty Jo Teeter Dobbs (1991).

Alle genannten Vorfälle in Newtons Leben – seine Kindheit, Freundschaft mit Mr Clark, frühes Interesse an Pharmazie, Einführung in Astrologie und Leidenschaft für Alchemie – sind historisch korrekt. Die Behauptung, dass der junge Newton ein Zauberer werden wollte, ist eine Vermutung. Dass er später einer wurde, ist eine erwiesene Tatsache.

Über magische Praktiken im frühneuzeitlichen Europa gibt es eine Unzahl von Literatur. France Yates' Studie *The Occult Philosophy in the Elizabethan Age* (1979) bietet einen Überblick über die Stellung der Magie im Denken der Renaissance. Wertvolle Quellen, die für dieses Buch zu Rate gezogen wurden, sind ferner: *John Dee's Natural Philosophy: Between Science and Religion* von Nicholas H. Clulee (1988); sowie *Occult and Scientific Mentalities in the Renaissance,* herausgegeben von Brian Vickers (1984). Lynn Thorndikes *A History of Magic and Experimental Science* (1941) behandelt das Thema in acht detaillierten Bänden. Die Stellung der Magie im Alltag wird in Keith Thomas' sorgfältiger und packender Studie *Religion and the Decline of Magic* (1972) beschrieben. Mit der Hexerei und dem Hexenwahn in der Renaissance befasst sich *Witch: The Wild Ride From Wicked to Wicca* (2000) von Candace Savage.

Die dunklen Künste sind Thema des empfehlenswerten Buches von Richard Kieckhefer *Forbidden Rites: A Necromancer's Manual of the Fifteenth Century* (1997). Trotz seines Alters ist C. J. S. Thompsons *The Mystery and Art of the Apothecary* (1929) eine außerordentlich gute Quelle über die Heilkunde. Die Geschichte der Alchemie wird erzählt in *The Alchemists: Founders of Modern Chemistry* von F. Sherwood Taylor (1952) und *Through Alchemy to Chemistry* von John Read (1957). Die Astrologie des 17. Jahrhunderts wird in *The Last of the Astrologers* von William Lilly behandelt, herausgegeben von Katharine M. Briggs (1974) sowie in *Familiar To All: William Lilly and Astrology in the Seventeenth Century* von Derek Parker (1975). Einen Überblick über sämtliche magischen Künste bietet Kurt Seligman, *The History of Magic: A Catalogue of Sorcery, Witchcraft and the Occult* (1949, 1997).

# Bildnachweis

Sofern unten nicht anderweitig erwähnt, wurden sämtliche Symbole und Zeichnungen zur Verzierung mit freundlicher Genehmigung des Bildarchivs von Dover verwendet. Bibliotheque nationale de France, 20, 44, 51. Bodleian Library, University of Oxford, 71 (Douce Prints W1.1 Nr. 114). British Library, 2 (BL718g22), 16 oben (STC23267), 28 rechts (BL 148971), 48 oben (PL 1005564.011), 50 (BL Add Ms 18154 ff2v-3), 52 (PL 1008007.011), 56 (BL14161), 58 oben (PL1004929.011), (BL Add. Ms. 2985, f199). Florence Collection, 7, 13, 16 unten, 19 links/rechts, 27, 28 links, 30 unten, 34, 37, 40, 41 oben/unten, 43, 45, 46, 47 oben/unten, 48 unten, 49, 53, 55 unten, 58 unten, 59, 60 unten, 62, 63, 69, 72–73. Jean-Loup Charmet, 24. Library of Congress, Umschlagblatt (LC-USZ62-112460). Mary Evans Picture Library, 12, 18, 36, 38, 42, 75. National Library of Medicine, 6, 17 oben, 25 unten, 26, 29 oben/unten, 30 oben, 32, 33, 54, 55 oben, 60 oben, 68. Osborne Collection of Early Children's Books, Toronto Public Library, 14, 67, 74 links. Peabody Essex Museum, 23 unten. Robin Muller, 74 rechts. Rob Sanders, 66. Roger-Viollet, 35, 45. Saint-Germain-en-Laye, Stadtmuseum, 64 Foto L. Sully-Jaulmes. Mansell Collection/TimePix, 8, 10, 25 oben

# REGISTER